学习戴安澜将军的
爱国主义精神,为振
兴中华,统一祖国而奋
斗。

九八年三月

一代名将戴安澜,抗敌御
侮,浴血沙场,为民族作战
功不朽,助他们爱国
此志与山河同在。

逸先知 戊寅年春

1933年长城抗战任145团团长

1940年昆仑关战役负伤复原后

1941年底入缅前在昆明

将军和夫人及子女们。前排右起：覆东、藩篱、靖东、澄东

戴安澜烈士墓

台湾高雄凤山军官学校中的安澜楼

美国重铸补颁发的
军团功勋勋章

中国革命军事博物馆抗日馆中戴安澜将军遗物展橱

戴安澜将军，1940年摄于广西

王荷馨，1928年摄于湖南

戴安澜将军及夫人、子女，1940年摄于广西

王荷馨与子女，1948年摄于南京

王荷馨与子女、媳妇全家及侄甥孙合影（60年代初摄于上海）

名茶、贡茶也是好茶，獭手物

茶不破，生变着到不我，谁也把起来则不爾之隙没枝，而生则不惧惧要无犯之际要沒枝机要有着沒老有逆程能得则之坛而能得则不非坏沛：

前　言

　　被誉为"黄埔之英，民族之雄"的戴安澜将军，短暂的一生是追求真理的一生，是轰轰烈烈、壮丽辉煌的一生，是无私奉献的一生，是艰苦学习、不断进取的一生，是兢兢业业为国家、为民族不惜牺牲自己一切的一生。

　　戴安澜生于社会变革之际，适逢民族危难之时。为了实现振兴中华的伟大理想，他一生都充满了艰难和危险，但他始终充满着乐观与自信，孜孜不倦地去实现着自己的追求。他相信人类总是进步的，社会总是要前进的，伟大的中华民族一定会洗刷耻辱，重新焕发青春。

　　他勤奋学习，既充实提高自身的素质，同时又去感化自己周围的人们；他英勇杀敌，与日寇血战，为了国家和民族不顾个人安危，同时又影响和团结周围的人共同战斗。在戎马倥偬的生涯中，他抓紧时间学习自然和社会科学各方面的知识，持之以恒地记日记，时时对照检查自己的行为，录下自己的心得体会。

　　戴安澜将军在1937年9月4日的日记中写道："余之英文，已在枪炮声中完成。数学一项，亦愿在枪炮声中完成之！将来学果有成，当名之枪炮声交响曲，今记于此，以待它年。"他不仅是一位在中国的抗日战争和世界的反法西斯战争中的骁勇战将,同时又以丰富的文化素养而得到世人的敬仰。今天我们把将军的这些英雄业绩再现出来之时,不正是将军"以待它年"的期望吗?

愿以此书献给敬爱的抗日民族英雄戴安澜将军!献给所有为了中华民族的解放和国家独立而英勇奋斗的革命先烈们!

伟大的爱国主义万岁!

目　录

引　子 …………………………………………… 1
第一章　少年勤学　立志为国 ………………… 3
第二章　投身黄埔　参加革命 ………………… 8
第三章　坚击日寇　战功显赫 ………………… 17
　　　　亲历济南惨案 …………………………… 17
　　　　古北口长城抗战 ………………………… 20
　　　　同仇敌忾征倭寇 ………………………… 27
　　　　华北战场御倭寇 ………………………… 31
　　　　血战台儿庄 ……………………………… 41
　　　　武汉大会战 ……………………………… 47
　　　　铁血激战昆仑关 ………………………… 49
第四章　远征缅甸　扬我国威 ………………… 56
　　　　战前准备 ………………………………… 56
　　　　挥师入缅 ………………………………… 59
　　　　同古固守战 ……………………………… 65
　　　　平满纳会战 ……………………………… 74
　　　　棠吉攻击战 ……………………………… 77
　　　　郎科捐躯 ………………………………… 79

第五章　壮烈殉国　永垂青史 …………… 84
　　悼忠烈 …………… 85
　　葬忠骨 …………… 92
　　慰忠魂 …………… 93
　　长相思 …………… 101

第六章　丹心永照　光耀人寰 …………… 113
　　赤子之心 …………… 113
　　为人之道 …………… 114
　　严于律己 …………… 115
　　科学治军 …………… 116
　　孜孜以学 …………… 122
　　热血真情 …………… 127

附录一　戴安澜将军遗文 …………… 133
　　自讼 …………… 133
　　用人要诀 …………… 162
　　书信（节选） …………… 163
　　日记（节选） …………… 168

附录二　参考书目 …………… 178

后　记 …………… 179

修订版后记 …………… 181

引 子

长江下游的安徽省无为县仁泉乡的凤和村,南临长江,北依大别山余脉,中有涧流穿行,是一个山清水秀的村落。这里气候温和,土地肥沃,村民辛劳耕作。抗日民族英雄戴安澜将军就出生在这块土地上。

戴家原本不是这里土生土长的居民,而是由他乡流落客居于此。元朝末年,封建王朝的残酷压榨、剥削,激起了人民一次又一次地反抗,农民起义不断。灾民们在烽烟四起的各路起义军带领下,向着残暴的元王朝展开了猛烈的攻击。戴氏的列祖列宗们也积极地投身到起义军的洪流中,奋勇冲杀。然而由于历史的限制,不少农民起义军失败了,他们中许多斗士壮烈地牺牲了,幸免留下来的人们为了免遭涂炭,不得不离别生养自己的故土,远走他乡,把仇恨的种子埋在心中,伺机反抗。

在这样的逃难的人群中,有一位叫戴友庸的男子,他带着妻子,肩挑两只箩筐,每筐载着两个男孩子,由江西至皖南,再渡江到练溪乡(即今仁泉乡)。相传当时挑箩的绳索磨断于断箩山下,于是他们卜吉定居于练溪乡的洋头村,垦圩种植,维持生计。于是,友庸公箩筐中所带的四个孩子:戴遇义、戴遇仁、戴遇礼、戴遇信,得以在这块土地上生长繁衍,成家立业。

戴安澜的上祖是戴遇仁公。经过十余代人的辛勤劳作,这一

1

代从洋头村拓展到凤栖山一带,以后遍布旗杆村、大门口、凤和村三个村庄,居住着共百余户人家。

戴安澜的祖父辈主要有:伯祖父戴昌淦,清贡生,年轻时身体多病,早年病故。伯祖母戴周氏夫人,出生于桐城书香门第之家,由于伯祖父英年早逝,伯祖父、伯祖母无子女。祖父戴昌裕、祖母戴毛氏夫人,他们共有五个儿子:戴晋仁、戴义彰、戴礼明、戴智乐、戴信成。因伯祖父戴昌淦无子嗣,祖父戴昌裕遵从嫂嫂戴周氏夫人的意见,将戴晋仁、戴礼明承祧伯祖父的名下,以侍奉戴周氏夫人。

戴晋仁、戴礼明承祧伯祖母后,在伯祖母戴周氏的悉心教养下,二人都努力刻苦学习。戴晋仁用功读书,文章写得好,又注意自身的修养,年轻时在乡里颇负盛名,深得村民的信任。戴礼明热心公益,办事讲究公正,故而乡村里遇有什么大事或是对外联络交涉,常常可以看到戴礼明的身影。由于家中务农、田少人多,生活困苦,在秋收之后,戴礼明到乡里的戏班帮工打杂,有时跑跑龙套,偶尔也客串唱戏,由此获得一些微薄的收入补贴家用,同时也满足了他喜爱戏曲的嗜好。他的妻子戴汪氏,为人贤惠,知情达理,在亲戚朋友中多得称道。

第一章

少年勤学　立志为国

1904年11月25日,在安徽省无为县仁泉乡凤和村戴礼明家中诞生了一位生肖属龙、排行老三的男孩,他就是后来叱咤风云、在抗日战争中与日本帝国主义血战到底,光荣牺牲在缅甸战场、扬威海外的民族英雄——戴安澜。

戴安澜原名叫戴衍功,小时候十分聪慧,祖母、伯父、父亲都对他十分喜爱,伯父更是把他作为自己的儿子一样看待,他们经常把戴安澜带在身边,不仅给予爱护,同时不断地悉心教导。那时,他们的家庭生活贫寒,可是对戴安澜的读书、学习一点也不放松。

在祖母的教诲下,戴安澜从小就知道读书学习的重要,养成了热爱学习的自觉性。他在伯父与父亲的身边,看到行侠仗义的伯父在邻里的威望,看到父亲对公益之事的热心,耳濡目染给了他非常大的影响。年幼时当他随同大人小孩看戏时,特别是他的父亲戴礼明在台上出现时,他瞪大了眼睛,用心看戏,渐渐懂得了戏中人和事的是非曲直,同时还大胆地评论戏中人和事,这不仅得到小伙伴们的钦佩,也得到了长辈们的赞许。

在这样的生活环境影响下,他乐于助人,伸张正义。在上学途中,同伴下雨淋湿了衣服,他立即脱下长衫给人家披上,而不顾自己寒冷。有谁受到欺侮,他就勇敢地站出来予以保护。逢年过节,他还会把分得很少的那份节日食品拿出来给那些比他还要贫困的同伴分享,让大家都能得到节日的欢乐。

由于在日常生活中表现出不同寻常的聪颖,戴安澜六岁时被送入私塾学习,那时家中有不少兄弟姐妹,只有他首先得到这一优待。入学读书后,老师给他取了学名叫炳阳。读书对戴炳阳来说,具有极大的吸引力,这启发了他的智慧,打开了认识广阔世界之门,因此他学习非常认真,十分用功,从不偷懒。当时老师所教的启蒙书,如《百家姓》《三字经》《千家诗》以及以后的四书、五经等,他都比一般孩子领会得快、理解得深,学习的兴趣与日俱增。由于学习成绩优异,老师对他分外喜爱,更得到祖母、伯父、父母等家人的欢心。两三年的私塾学习,戴炳阳有了极大的长进。

家中看到炳阳的学习很好,且日日在进步,家乡的私塾已经不能满足他的求知欲了,为了能够不断地上进,能够给家庭有一个光宗耀祖的机遇,尽管家中经济困难,长辈们商量后,还是咬紧牙关,让他继续读书学习。

那时,桐城有一位叫周绍峰的名士是戴氏的亲戚,他是晚清的著名学者之一。周先生的文章及人品为当地及周围的学子们所崇敬,许多人家都把孩子送到周先生那里去学习,以求在名师的指导下得到深造。炳阳也被送到周先生处学习。他牢记长辈和家人要他努力学习的教导,虽然年龄还很小,但深知家中的经济状况不好,能够拿出钱来给他读书是一件十分不易的事情,是靠家人负债,勒紧裤带节衣缩食带来的。因此,他十分珍惜这一难能可贵的学习机会。

在以后几年的时间里,他师从周绍峰先生系统地读了许多书,对周先生交给他的作业十分认真努力地去完成。对周先生所尊崇的尽忠报国的思想更是全力地去接受,在他的心目中,强烈的爱忠鄙奸的观念已经形成,几年的学习,不仅学业大有进步,而且人也变得逐渐成熟起来。

周先生看到他的习字、文章不时地在长进,十分高兴,经常夸奖炳阳这个孩子诚实谦逊、勤奋好学、禀赋优异。他说,这个孩子将来必可大成。在学习期间,炳阳也对在塾馆同窗学习的同伴们予以大力帮助,深得同学们的尊敬。在周先生的不倦教诲下,炳阳打下了坚实的古汉语基础,同时还练就了刚劲有力的书法。更重要的是,在这一阶段的学习时间里,在他年少的心中树立了爱憎分明的观念,立志要为国为民作出一番贡献。

炳阳发奋学习的这一段时间,正是中国发生翻天覆地变化的时代,孙中山先生领导的辛亥革命推翻了中国最后一个封建王朝的腐败统治。人民为此振奋,如饥似渴地呼吸着革命的新鲜空气。然而袁世凯称帝、张勋复辟,腐朽的反动势力顽固地抵抗着革命的新生力量。

这些反复使人们心中出现的希望又蒙上了阴影,对未来的前景产生了迷惑。这也在炳阳的少年心灵上产生了很大的冲击。他切身地感受到家境生活贫寒,温饱不得解决,周围尽是苦难的人们,他多么希望革命能改变这一状况,希望人们能够安居乐业,他心中向往着一个和平安定的生活,让劳苦大众都能过上丰衣足食的生活。这样的思想、这样的向往和追求,在他20多岁所作的一副自勉联中作了明确的描绘,自勉联的上联是:"为政不在多言,要能幼有所教,壮有所归,老有所养",一幅国泰民安、生活祥和的美丽的图景时时在他的脑海中映现,并鼓励他为此去全力奋斗。

在周先生的教育下,炳阳已对中国传统的语言、文字、思想史打下了一定的基础,他看到了自己学习进步的同时,又深感自己的知识不足。就在这段时间,伟大的五四运动爆发了,这对炳阳来说是一个极大的启示,他切身地体会到五四运动将会给中国的变革带来极大的现实意义。同时又将会对中国未来的发展带来深远的历史影响。

这个体会在他1940年5月4日的日记中充分地反映出来。他在日记中写道:"'五四'纪念节,为我国文艺复兴运动之节日,关系于整个历史,至深且大也。"寥寥数语,把五四运动的深刻意义画龙点睛般地托现出来。如果没有经过那个时代的亲身的经历和对那个时代的切身体会,是无法说出这样的话语的。

离开周先生后的一段时间里,炳阳一方面在家帮助务农,进行田间劳作;另一方面用自己学到的知识来教育亲友的子女们。这时,家中的生活仍然十分贫寒,经常揭不开锅,有时只能以凉水来充饥。

由于强烈渴望学习新文化、新思想,18岁的炳阳在得到家庭的同意后,到南京白下区报考南京安徽公学,经过考试,成绩合格,录取在高中一年级。

安徽公学的前身是旅湘公学,由李光炯创办于湖南长沙,卢仲农主持教务,赵声、黄兴等都在该校任过教员,并在其间酝酿革命。该校于1904年由长沙迁到芜湖,改名安徽公学。1914年因时局动荡不安,学校停办。1923年夏,在陶行知、姚文采等知名人士的共同努力下,恢复安徽公学,并更名为南京安徽公学。对于建立南京安徽公学,陶行知先生在他所撰写的《南京安徽公学办学旨趣》一文中写道:"南京前清为两江之都会,和安徽有密切的历史关系,就地理说,又和安徽十分接近。中国兴学以来,南京即为全国教育中心之一。安徽的学者和学生来此传道授业的,素来很多。前清即有上江公学之设,民国成立后,因故停办,实为憾事。'五四'以后,安徽学潮屡起,学生不能安心学业,投到南京求学的人源源不绝。但南京学校格于种种限制,有志有才的学生不免向隅。安徽旅宁同乡会和旅宁同学会,看此情况,深表同情。就联合起来共谋恢复上江公学,遂于1912年秋季开学,改名为南京公学。所以安徽公学的设立,是源于一种不能自已的同情心。因为安徽旅宁前一辈的人,对于后一辈的少年,发生了一种学问上的同情心,才有安徽公学的产生。"

陶行知对南京安徽公学的学生提出要用科学的精神在事业上去求学问,用美术的精神在事业上去谋改造,用大丈夫的精神在事业上去锻炼应变。陶行知提出的科学精神是要锻炼学生的观察实证和分析事物的正确能力,成为去探求真理的动力;他的美术精神是要求学生不要向四周的环境苟安和同流合污,而是要对环境进行改造,支配环境,以与科学发展的文明相适应;他的大丈夫精神是要培养学生富贵不能淫、贫贱不能移、威武不能屈的精神,强调没有不屈不挠的精神,将何以为国? 在这些新思想、新道德、新文化的指导下,对炳阳这样一位好学的青年来说,如同田里的庄稼,久旱逢甘霖,他用力地去吸吮着这些新鲜的、过去未能接触过的丰富营养,来滋润着自己的精神世界。

然而由于战祸迭起,社会动荡不安,家人惦记年轻的炳阳。在多次催促下,炳阳在安徽公学只学了很短的时间就返回了家乡。时局的不稳,生活贫困,使他不能够很好地学习,生活中的困难接踵而来,为了生活的需要,他就在家乡办了私塾,以补贴家中入不敷出的贫穷生活。但是这一切并未磨灭炳阳的忧国忧民的赤心,反而使他更加感到自己肩上的责任重大,他时时在问着自己,何时才能为国家为人民做出一番有益的事业来? 他真心实意地愿意为国家繁荣富强,人民生活幸福,贡献出自己的一切力量。

第二章
投身黄埔　参加革命

在孩提时期就接受过启蒙私塾教育，还亲历了中国推翻封建王朝的振奋人心的大事，以后又在南京安徽公学逐步接受了现代科技教育，这时候的炳阳已是一个心怀救国救民志向的青年。炳阳时常在想，这艰苦的生活环境也许正是对他将要实现自己志向的一种磨炼。因此他不为这时世的艰难而灰心颓唐，而是更加严格地要求自己，不断地学习以充实自己，他在等待着时机去实现自己的理想。

炳阳的叔祖父戴昌斌，字端甫，号武章，1884年出生，幼年即丧父母，为人笃实，在村中读私塾数年，开智启蒙。当时清廷腐败，外侮愈深，而端甫家每况愈下。因此他常有投笔从戎、报国为民之心。后来他只身外出入保定陆军军官学校第三期，与张治中、徐庭瑶、季爵梅、王学海等为同期同学。1911年辛亥革命，戴昌斌追随孙中山先生参加武昌起义。北伐前，端甫公任国民革命军总司令部副官处处长兼广州石井兵工厂厂长，在李济深先生领导下工作。由于他恪尽职守，深得李济深先生的倚重，而他十分敬重李济深先生的为人，虽是上下级，但二人感情笃深。这就有后来蒋介石将李济深先生软禁在南京汤山时，许多人不敢前去探望问候，而戴昌斌不计较个人得失，仍然前往汤山请见李济深先生，致以问候。在当时情势之下，实为勇义之举，深得国人赞许。

第二章 投身黄埔 参加革命

1924年国共合作，孙中山先生在广州黄埔创立陆军军官学校。这时，戴昌斌在广东建国粤军第四师任团长，他积极为筹建黄埔军校努力工作，为聚集革命力量，写信回乡召集戴翔天、戴日新、戴蔚文、戴炳阳、鲁恢亚、王献庭、张保卫、任笑安等有志青年到广东报考黄埔军校，投身革命阵营。

得到这一消息，炳阳十分兴奋，这一年他正好20岁，他感慨万千地说："'人生如白驹过隙'，二十岁前，是浑浑噩噩的时期，五十岁之后，血气就衰萎，总计人之一生，成功立业，不过二十到五十之间短短的三十年而已，不趁这时候埋头苦干，有所成就，光阴一去便不可挽留，抓住了时机，困难的环境不足惧怕的，正唯困难的环境才能促我们创造出伟大事业。要晓得悻生不生，必死不死之理。"他想，今朝接此召唤，正是自己大展宏图之时，真是天助我也。于是，他与家人一起，抓紧时间整理行装，与其他青年一起奔赴广东。

一路上，军阀混战、百姓生活苦不堪言的景象，使炳阳的报国之念更深更切，深感自己的责任重大。在沉思中，他听着火车车轮在运行中有节奏地振动，仿佛是在说"快去吧！快去吧！"在催促着他们这些有志青年快速奔向广东。

到了广州，几个青年背着简单的包袱到端甫公住地。一见面，端甫公看着这些有志青年，露出欣慰的笑容，询问着家乡的境况以及他们途中的情况，并向他们简单地介绍了当前的革命形势。最后，他语重心长地对这些青年说："我写信让你们来是参加革命打倒列强的，不是来做官享福的，到这里参加革命不仅不能享福，还可能要丢掉性命。如果你们怕难、怕苦、怕死，那么回去也来得及，我不阻拦你们，回去的路费我出。"说完之后，目光严肃地向着每一个青年看去。

这些青年们没有一个后退，端甫公见此，心中十分高兴，就对他们说："这样就很好，一路上大家都累了，今天先洗澡，休息一下，明后天在广州城里看一看，然后就带你们去黄埔，到学校报名考试。"听了端公的一番话，几个青年都非常高兴，旅途的疲劳也忘得一干二净，都盼望着第二天到城中去走一走、看一看，呼吸些这座革命城市的空气。

两天以后，端甫公陪同这些青年到陆军军官学校去投考。军校的校址在广州东郊的黄埔长洲岛上，整个岛的面积约一万亩。岛上山峦起伏，四面环水，筑有炮台多处，黄埔隔江与鱼珠、沙路炮台并峙，构成长洲军事要塞，是由虎门进入广州的重要门户。孙中山先生于第一次国共合作时期，在苏联和中国共产党的帮助下，于此处创办了这一座新型的陆军军官学校，办校的宗旨是："创立革命军，以挽救中国危亡。"

到了黄埔，炳阳和同来的青年们看到学校所在地的险要地势和大好风光，了解了学校的任务，他们恨不得立即能到学校学习，投身到革命洪流中去。报名后经过文化考试，炳阳顺利过关，心里有说不出的高兴，但体能考核时，因太瘦弱，未能按要求跑完规定的长跑项目，按照学校招生的标准未能通过。这对满怀喜悦心情的炳阳来说，真是一个意想不到的沉重打击，美好的憧憬从他的眼前一下子消失了。

然而，炳阳从这暂时的挫折中很快地清醒过来，他深知，作为一个革命军人，没有强壮的体魄是不行的。同时，他又更深地想到，到陆军军官学校去学习，就成了士官，毕业出来之后，是指挥士兵作战的军官，但他从来没有军队生活的体验，也没有参加战斗的经历。如果这样从军校出来以后，又如何能带好兵、打好仗？经过深思熟虑之后，他对端甫公说："这次能考上陆军军官学校，就是一期的学生，那实在是太好了。现在因为自己体质差，未能录取。对这一点，我一点也不气馁，我已经想好了，要到国民革命军去当一名战士,一方面锻炼自己的体魄;另一方面通过士兵生活,使我对士兵有亲身体会,一年之后,再考陆军军官学校。我想,经过一段时间的锻炼,身体一定会达到学校招收学员的要求。叔祖公,你看怎样?"端甫公也深为炳阳未能考上军校而惋惜,他曾想以自己的名望保荐炳阳入第一期学习。但是他听了炳阳的这一番话,为这个晚辈后生的志气和远见所感动,他不仅同意了炳阳的要求,并且积极支持他的这个决定。

  炳阳从长洲岛返回城里后,就到国民革命军的招兵处报名,并立即被录取,成了一名二等兵(后来,入伍生队)。军队的生活是十分艰苦的,每天早上,天不亮就要起床晨练,一天还有许多军事训练的课程,虽然炳阳曾参加过农业劳动,但这对长期以来在备受家人爱护的家庭环境中长大的读书人来说,无疑是一次体能的磨炼,也是一次意志的考验。但对在部队中可能出现的苦和累,炳阳在未到部队之前都想到过。他咬紧牙关,不断地鼓励自己,一定要顶住并克服这段困难的时日。在艰苦训练的同时,他坚持每天用冷水冲凉来增强自己的体质,也磨炼自己的意志力。几个月过去了,炳阳顺利地度过体能关,适应了艰苦的部队生活。

  当时,国民革命军的住地都在郊外,条件很差。外出训练时就只能住在破庙或一些村庄的祠堂里,这些地方还经常停着尸棺,晚上就显得更为凄凉。在这样的环境里,白天站岗放哨尚可,到了晚上,阴森的气氛令人毛骨悚然。对炳阳这个文弱书生来说,轮到他晚上站岗放哨又是一种考验。开始时,轮到炳阳晚上值勤,他十分害怕,但是想到自己是革命军人,便硬着头皮执行任务,还想如果真有什么鬼来,就和对手拼。他心里想,参加革命死都无所惧,还怕什么死人,这样来给自己鼓气、壮胆。经过多次执行任务,他慢慢地就适应了,胆子也变得大了,恐惧心理也消失了。

对这一段经历，他以后对大儿子覆东说："我不是生来就是这么胆大不怕死的，我原来胆子也是很小的，害怕黑暗，害怕死人，但是军旅的生活锻炼了我，改变了我。所以一个人只要不怕困难，勇于进取，这样就能得到进步。"一年的二等兵生活，使炳阳不仅身体健壮起来，而且意志也更为刚毅。这一段生活为他今后步入军校，直到以后指挥部队战斗，打下了坚实的基础。

半年后，炳阳再次来到黄埔报考陆军军官学校第三期，这时他经历了半年的士兵生活，接受了革命思想的教育，又在端甫公的谆谆教导下，决心报国为民的志向更加坚定明确。他为自己的伟大祖国几千年的文明而自豪，又为人民的困苦生活、国土为列强瓜分的现实所痛心，他思潮起伏，感慨万千，他决心尽自己的一切力量，力挽狂澜，要为国家的安危作出贡献；并表示为了完成自己的意愿，要像不怕大海风暴中的海鸥那样去勇敢搏击。他此时改名炳阳为安澜，取号为海鸥。经过考试，戴安澜顺利被录取为黄埔三期，被编在步兵队学习，他走进了这座革命军人的大熔炉。

黄埔军校以苏联建军的经验，采取军事与政治并重，理论与实际结合的教学方针，培养革命的军事政治人才。黄埔军校机构庞大，组织严密，由总理、校长、党代表组成的校本部为最高领导机构，下设政治、教授、训练、管理、军事、军医六部办事。孙中山任校总理，蒋介石任校长，廖仲恺任国民党代表。教职员不少是国共两党的重要干部和社会知名人士。周恩来曾任政治部主任，叶剑英曾任教授部副主任。军校师生积极贯彻孙中山提出的"联俄、联工、扶助农工"的三大政策，师生之间亲爱精诚，矢志救国救民、牺牲奋斗。校园内贴满了醒目的标语：拥护本党本校总理的三民主义；亲爱精诚，和衷共济；精诚团结，卧薪尝胆；打倒帝国主义；打倒封建主义；勇往直前，破釜沉舟；百折不挠，再接再厉;共产主义是三民主义的好朋友……看到这些激动人心的标语,安澜感到热血沸腾。

在这样的环境中,安澜一方面学习军事技术,一方面接受着革命的思想,这对于他选择确定未来的人生道路是一个至关重要的关头。安澜对自己说:"军人事业,为救世救国救人之事业,决非糊口猎官之事业,时时应有牺牲一己以救世救国救人之决心,抱负确定,则个人一切生活旨趣,均生意盎然,时时进取,举凡违反我抱负之生活引诱,一概摒除,质言之,抱负不尚空言和幻想,由身体力行而促进之也。"

他在黄埔第三期入伍生队期间,参加了由总队长张治中领导的第一次东征,讨伐广东军阀陈炯明,还参加了平定滇系军阀杨希闵和桂系军阀刘震寰叛乱的战斗。在战斗中戴安澜十分勇敢,不顾战场上弹片横飞,挺身站立在迫击炮旁,勇敢地向敌人射击。身为一期生的覃异之将军看到这个场景,对这位年轻的军人十分欣赏,战斗之后,主动和安澜攀谈,安澜也对这位年长的博学多闻学长表现出敬爱之心。此后二人结下深深的友谊。1937年9月覃异之将军在对日军作战阵地委弃后,自杀以殉国家,但自杀未遂,而枪伤已重,安澜闻此消息后立即致电问候,并在9月30日的日记中写道:"果有自杀精神,何如战死之为愈,但能自杀者,究尚不失为好汉也。"待覃将军伤好之后,又赠以枪械,帮助他重整部队。

黄埔军校第三期举行的开学典礼,那天,学校的许多领导都到场。三期的士兵整齐地坐在军校的大花厅里,在教官的统一指挥下,学员们高唱黄埔学校的校歌:

莘莘学生,亲爱精诚,
三民主义,是我革命先声。

> 革命英雄，国民先锋，
>
> 再接再厉，继续先烈成功。
>
> 同学同道，乐遵教导，
>
> 终始生死，毋忘今日本校。
>
> 以血洒花，以校作家，
>
> 卧薪尝胆，努力建设中华。

歌声嘹亮、高亢、激扬，安澜年轻的心随着歌声在激烈地跳动。在热烈的掌声中，政治部主任周恩来发表了演讲：

诸位官长同学：

今天这样盛大典礼，我们知道有一个很大意义。刚才许多官长对我们的训诫，我们大家同学是不能忘记的。但是我们要知道，各地的青年学生来到国民革命中心地黄埔，是有很大意义，就是要记得我们不仅是中国国民党的党员，并且还是一个革命的先锋。刚才诸位官长说，革命党员守纪律，比在任何政党中还要紧要，这是革命最重要的一个元素；假使没有这个要素，一定不能把反革命的陈炯明、假革命的杨希闵、刘震寰打倒，将来更不能把我们的仇人一概打倒。在革命之下，守革命党的纪律，并不是强迫的，是各同志甘心愿意遵守的；每天的军事训练，军事教育是甘心受的。总理曾说：谋人类的自由，就要去掉个人的自由，这一点如果相信不彻底，一定不能革命。各位官长学生，趁些时间，努力研究主义，在党的指挥下守严格纪律，能如此去做，将来一定能够得到很好成绩。

我们无论求什么学问，如果只求一点观念，就是任何目的,都不能达到,我们总要在实际上去做,我们这一年多的历史光辉,从诸位的思想行动上,传到全国革命青年身上,我相信,将来中国的革命一定有成功的可能。到了那时候,才能以机关枪、大炮报沙基惨案的仇,因为中国人在现在这个时候还有许多不知道近代的潮流,这完全希望各位作无线电机,将革命的思想传到全中国,使全国的民众革命化。再希望各位不要自高自大,要虚心求学,以达到学业成功,而实行革命。

周恩来主任的充满激情、富有哲理的讲话,深深地打动了安澜,他一字一句地听,深深地印在自己的脑海里,这对他今后的生活有极大的影响。

在军校学习期间,安澜受到孙中山先生新三民主义的熏陶和国共两党第一次合作的影响,受到周恩来、恽代英和高语罕的政治思想教育。安澜在黄埔军校积极努力地学习,得到老师和同学们的尊重和信赖。宋瑞珂将军也是三期的同学,他生前曾说过:"三期的同学是团结友爱互相帮助的,在一起的感情很好,像一家人一样。安澜将军为人厚道,但聪敏机警,对自己要求很严,又乐于助人,深得同学们的尊敬。"郑洞国将军在悼念安澜将军牺牲40周年的大会上说:"在黄埔军校中,戴安澜是周总理最为赏识的学生之一。"

1926年,戴安澜黄埔三期毕业后被分配到国民革命军总司令部任排长。这时瑞甫公写信去家乡,要老家把他儿子戴日新的未婚妻梅少兰和戴安澜的未婚妻王家姑娘从无为送至羊城完婚,安澜的伯父戴晋仁遵嘱办好此事,当时这在无为家乡传为佳话。1927年1月5日,戴安澜与王家姑娘结为伉俪。

北伐军北上之后,1927年春,黄埔军校入伍生第二团接受北伐军移交的东江防守任务,由广州市沙河营地来到东莞县。戴安澜这时来到该团,担任第八连第三排排长。在部队里他经常给学生讲林则徐烧鸦片,在黄埔岛上英勇抗英的事迹;岳母刺字,精忠报国;戚继光辕门斩子;朱元璋当和尚等故事。他还说:"中国历代出了许多英雄,也有过辉煌的历史,今天之所以沦为半殖民地,并不是外国鬼子怎样能干,而是我们自己太不争气,特别是一些腐败的官僚政客,无识无能,贪生怕死,爱财争禄,才造成这样的后果。"

他担任连值星排长时,对学生十分关心。晚上出来查岗、查哨,发现这些年轻的学生身着单衣,在寒风中打冷战,他心疼地摸着他们冰冷的手,问这些站岗的学生冷不冷,学生回答有点冷。戴安澜没说什么就转过身走了,不一会,拿了夜哨兵应穿的棉衣返回来,要每一个哨兵都穿上,并责备带班的见习排长,应要求夜哨兵每天都要穿棉衣,并语重心长地对见习排长说:"这些入伍生年纪轻,有的奶气尚未脱掉,不知爱惜自己的身体,如果冻坏了,我们当排长的有责任。"一席话使得学生们十分感动,与他更亲近了。他对学生们说:"要做革命军人,就要做出一番革命事业,大丈夫要立功于沙场;要做出一番事业,就要有坚强的斗志,否则就不能战胜敌人;青年人唯一的出路是奋斗、奋斗、再奋斗!"

1928年,戴安澜调任为国民革命军第一师连长。1929年,调任为中央军校少校区队长。1930年,任教导第二师迫击炮连连长,参加陇海路战役,在兰封附近奋勇当先,战斗中右臂负伤,因功晋任营长,继又擢升中校团副。1931年,调任第四师补充团长。1932年冬,调任第十七军二十五师第一四五团团长。1933年所辖部队经过长城抗战之后,就移驻北平。

第三章
坚击日寇　战功显赫

日本是一个自然资源极为匮乏的岛国,日本帝国主义对富饶美丽的中国国土早就垂涎三尺、虎视眈眈。远在明朝,倭寇就不时地对中国沿海进行骚扰、抢劫。特别是自1870年以后,日本趁其他帝国主义列强之间的矛盾以及清政府的腐败无能,军阀割据、混战局面,利用它距离中国近的优势,依仗明治维新发展的经济势力,不断地向中国进行挑衅,制造事端,签订不平等条约,欺侮中国,不放过一切机会,不择手段地对中国进行蚕食,进而企图侵占整个中国。熟悉中国历史的戴安澜,对日本帝国主义的亡我之心有很深的认识。他同一切爱国志士仁人一样,对日寇的侵略之举和所犯的滔天罪行极为愤恨,他决心要和欺侮中华民族、侵略中国的世仇——日本帝国主义斗争到底!

亲历济南惨案

1928年4月7日,国民党中央在南京宣布北伐,蒋介石亲自率领第一集团军沿津浦路北上,戴安澜所在的国民革命军第一师也在其中,这时的戴安澜职务是连长。北伐军一路奋勇战斗,沿途民众大力支持,在军民的共同努力下,张宗昌等军阀无力抵抗,4月10日,北伐军攻克了台儿庄,随后军队继续北上,于4月20日占领了泰安,直逼济南。

在大军压境形势下，张宗昌的军队抵挡不住北伐军的进攻，于4月30日夜向北撤逃，北伐军于5月1日在没有受到任何抵抗的情况下，平静地开进济南。5月2日，第一集团军司令部进驻省督办公署。而于同一天，日本侵略军司令官福田中将跟着就从青岛沿胶济路来到了济南城。当时，日本侨民在济南有2160多人，而进城的日军竟达3500多名。这些日军到达济南后擅自划定两个"警戒区"，禁止中国军民通行，并在商埠设立铁丝网，用沙包构筑工事，形成了中日军队对峙的局面。

日军到济南是以保护侨民为借口，其真实意图是要阻止北伐军北上攻占平津。他们早就意图在济南堵截北伐军，所以，福田及其第六师团4月25日就在青岛登陆，观察北伐军的动向，采取相应的行动。北伐军进入济南之后，他们就接踵而来。

5月3日，日军在阴谋实施军事行动的前夕，为了掩人耳目，麻痹北伐军的警惕，这一天的上午，日本驻济南代理总领事西田畊、驻济南武官酒井隆和天津驻屯军小泉恭次中佐一行拜会蒋介石，言称中国军队进入济南市军纪、风纪都很好，很守秩序，并谎言日军今日就要撤离济南市，这次是特来辞行。就在他们离开总司令部不久，日本军队就开始军事行动。事件从日军枪杀了一名徒手经过日军擅自圈划警戒区的中国士兵开始，与此同时，北伐军宣传员在南魏家庄张贴"打倒张宗昌！"之类的标语时，日军予以干涉，不准张贴。双方争执中，大批日军开来，一路遇到中国人，不论是士兵还是平民即开枪射击，一时，街头死伤无数，10点钟以后，日军开大炮轰击商埠，多处房屋起火。第四十军被迫仓促还击，奋勇抵抗，由于日军早有准备，在战斗中始终占有主动，中国军队和群众损失惨重。

5月3日这一天，被日本侵略者野蛮屠杀的中国军民在1000人以上。5月3日夜，北伐军与日军交涉无果，5日，北伐军继续

第三章　坚击日寇　战功显赫

北上，留下李延年、邓殷藩两个团维持济南城的秩序。但是，日本帝国主义者决不甘心他们阻止北伐军北上的阴谋未能得逞，于是于5月7日晨又对济南城发动了总攻击，他们占领了济南西城墙多个制高点，布置炮兵阵地，居高临下，野蛮地炮轰济南城，城内火光冲天，居民被滥杀者比比皆是，留守的李延年、邓殷藩部队奋起殊死抵抗，致使日本侵略军两天未能攻进城里。

5月10日夜，蒋介石下令速即放弃济南城，李、邓部才率部突围，途中遭日军伏击，仅500人逃脱，其余全部阵亡。少数未能撤退的中国官兵一直在城内抵抗直至壮烈牺牲。日军占领济南城后，肆意杀人抢掠，奸淫妇女，对医院的伤兵和战俘也不放过，济南城惨遭浩劫，一片凄凉景象。在"济南惨案"中，中国军民死亡6123人，伤1700多人，财产损失达2957万元。

日本帝国主义制造的震惊中外的"济南惨案"，戴安澜亲身经历了这一事件，并与日寇进行了激烈的战斗，许多战友牺牲的情景，历历在目，对日寇的残暴、无耻的罪恶行径刻骨铭心。他在纪念"济南惨案"12周年那天的日记中写道："余身历此役，故印象特深，至今不忘。"他深刻地认识到，日寇在济南的所作所为，不仅仅是为了掠夺一个济南，而是企图亡我整个中华民族的阴谋行动的一部分。

就在"济南惨案"发生前不久的4月25日，戴安澜的大儿子出生了，经历了"济南惨案"的戴安澜为了表达他决心与日寇血战到底，消灭日本帝国主义的决心，他为儿子取名"覆东"，意思是要覆灭东洋！以后他又为二儿子取名"靖东"，三儿子取名"澄东"，意思是要绥靖东洋、澄清东洋。对出生的女儿则取名"藩篱"，意思是女孩子要守好家园，像篱笆一样阻挡敌人的入侵，保卫国家的安全。当大儿子覆东懂事之后，他深情地把覆东这个名字的内涵讲给儿子听，并说："日本帝国主义是我们的死敌，我们

19

只有打败它、消灭它,中国人才能有好日子过。"

古北口长城抗战

1927年3月20日,日本军国主义者田中义一组成新的内阁。他一上任就把中国作为日本的重大问题来加以考虑。他不仅秉承了历任军国主义头目的衣钵,而且有过之而无不及。自从20世纪初小矶提出,为了确保日本在今后世界上"一等国"的地位,一定要控制中国东北资源,继而田中提出,大陆扩展乃是他们民族生存的首要条件,利用中国资源是使日本富强的唯一方法。田中于1927年6月在日本东京召开了东方会议,制定了占领满蒙,武力侵华政策,要把满蒙从中国肢解出去,同时又窥视华北,欲将得之,侵略魔爪伸得更多、更长。为了实现其野心,日本军国主义者在制定对中国政策时,明确表示一定要提出华北的问题,为了混淆视听,他们说这是为东北殖民地的安全。这全然是强盗的逻辑。

1931年9月,经过长时间的精心准备和阴谋策划,日本军国主义发动了"九一八"事变,大片的东北土地沦为日本帝国主义的殖民地。随后,日军进一步向华北靠近,伺机侵犯。

1933年1月,日本军国主义者按照其既定的计划继续南侵,铃木旅团川原部与第八师团占领辽宁朝阳以南的叶柏寿(建平县),并向西南方向的河北扩展,向长城靠近,并准备进一步攻而占之。

东北沦陷,华北危急,全国上下抗击日寇之声不绝。这时,身为十七军二十五师一四五团团长的戴安澜看到这一状况,心中万分焦急,虽然驻军在徐州以南,然心向长城,多么希望能与日寇决一死战,保卫华北的安全。1933年2月25日,二十五师接到命令要挥师北上,在徐州誓师出发大会上,戴安澜带领全团官兵在广场上整齐列队站立,个个精神抖擞,看到兄弟部队的战友们精神焕发的状态,戴安澜与他们相视点头,相互用目光鼓励对方。当徐庭瑶军长、关麟征师长向全体出征将士们作战前动员,痛斥日寇的罪行时,全体官兵义愤填膺,个个摩拳擦掌,冀盼早日奔赴战场,去生啖倭寇之肉,为国雪耻,为民报仇,抱定了北上与日寇决一死战的决心。

2月26日,部队乘车向北进发。一路上,戴安澜一直不能平静,济南惨案的景况又出现在眼前,日寇凶残地将手无寸铁的平民百姓打死在地,火光、呼叫声、枪炮声、战友倒在血泊中仍然向敌人射出仇恨的子弹直到生命的最后一刻的情景……这一切都激发了他大无畏的战斗精神。

在途中,他不停地翻看军事地图,看报纸,听广播,了解战事发展的形势。同时,他又十分关心每一节车厢里的战士,车一停下来,他就到各个车厢去巡视,要各级指挥官关心士兵的冷暖,让战士们好好休息,戴安澜知道长城一战必定是一场苦战、血战。完整的建制、整齐的兵员、士兵健壮的体魄、充足的粮草、高昂的斗志,这些都是打好胜仗的基础,带兵的人做不好这一点,就不是一个好的指挥官。一路上,他一直都在思索着如何迎接这即将到来的战斗。

3月5日,二十五师整个部队到通州集结完毕。戴安澜利用部队先到两天的时间,抓紧进行部队作战训练。3月6日,二十五师接令进驻密云待命。3月7日,二十五师向密云进发。这时,日寇已侵入平泉、承德,第一〇七师与一一二师正在构筑工事,阻敌前进。3月8日下午6时,二十五师到达密云,各部队安顿下来之后,正要休息时,夜10时接令,日寇已在古北口与中国军队交战,命令二十五师迅速向东北方向前进。

关师长接电后,即召集各旅团长开会,说明当前的形势,要求各部队立即整装待命,随时准备出发,同时他积极地与王以哲军长联系,了解前线发生的情况,做好战前的准备。当夜11时,二十五师星夜向古北口前进,3月9日上午8时到达石匣镇,略作休息后,下午又继续前进,于10日凌晨4时到达古北口,关麟征师长与王以哲军长联络上,方知日寇是多兵种联合,但兵力不详,现已逼近长城。一一二师正在与敌对抗之中,命令第二十五师占领古北口街市南门两侧高地,并向左右延伸,设置第二道防线。随即关师长召集旅团长紧急会议,命令七十三旅按第二道防线要求进驻阵地,一四五团之第一营任最右翼龙儿峪方面之警戒,与第一线的一一二师最右翼的将军楼防线相呼应。

会议结束后,各部队迅速进入阵地,戴安澜率领各营营长到负责防守的地段上观察地形。从3月7日8时到3月10日4时,由通州到密云,由密云到古北口,部队行军二百多里的路程,一路很少休息,加之从南方到寒冷的北方,战士们不仅十分疲劳,而且衣着单薄,很不适应这风寒的气候。但他们抗击日寇的热情并没有减弱,士兵的激情给了戴安澜极大的安慰。

站在长城上,看着中华民族为抵御外敌入侵而修筑的这一巨大人工屏障,戴安澜为华夏民族的光辉历史而骄傲。同时,他又认识到,在现代武器日益发展的情况下,靠长城抵御外敌入侵,仅仅是一道普通的防线而已,已不是不可逾越的障碍。戴安澜看到古北口防线的地段都是岩石,很难构筑掩体,而且树木也很少,难以找到自然的防护遮掩,他叮嘱战士们在裸露的岩石环境中,要充分利用自然地形来构筑工事,保护好自己。他尽可能地走到每一个战斗阵地,为了了解敌人的动向,他与官兵们共同选择了一制高点,作为本团的前哨阵地。在短暂的时间里,战士们在紧张地做好战斗前的准备工作。

这时,师部对各个防守阵地视察,一四五团团长戴安澜、一四六团团长郑明新,跟随七十三旅旅长杜聿明和师长关麟征,他们不时交谈,相互提示战前还需要的准备工作,相互鼓励。关师长看完阵地的布防之后表示满意,与大家紧紧握手后,回到设在古北口南门外的关帝庙师部。

3月10日上午,二十五师刚布置完毕,日寇的敌机由北而来,在古北口上空盘旋良久,进行侦察后,又掷弹而去。不多时,又来五架,在阵地上空盘旋轰炸,投弹即将结束后,又来一队敌机轰炸,每隔一小时,轮番投弹。由于无可靠的掩体遮蔽,故而在敌机轰炸下,中国军队的许多阵地被破坏,人员遭到伤亡。

下午3时,日军步兵主力在炮火掩护下,向一一二师右翼及一四五团右翼的龙儿峪阵地猛攻,官兵们沉着应战,日寇反复冲锋,想要强占右翼阵地及长城各炮楼的企图未能得逞。但是,日军是以此为其主要的攻击点,势在必行,因此不断组织进攻。

戴安澜在战斗紧张时刻来到龙儿峪的第一营,与营长霍锦堂一起指挥战斗。在战斗最激烈的情况下,戴安澜向师部报告,要求将团的部分力量调至右翼加强防守,这一请求,得到关麟征师长的同意。战斗一直持续到下午6时,敌人攻击无效,屡受挫折,退回原防线,此时的两军处于休战状态。

这时,中国军队抓紧补充兵员和重新布置。由于敌人的进攻目标是在古北口。攻击点是右侧一一二师及二十五师驻防的结合点龙儿峪,一四五团首当其冲。在战斗间隙,戴安澜到各营检查,看到伤亡巨大,心中十分沉痛,但是看到全体战士决心抗击日寇的斗志,又使他倍感欣慰和鼓舞。他与各营连长简单碰头后,要求大家抓紧时间休整,作好下次战斗的准备。同时,他向关师长报告了部队伤亡情况和补给军需的要求以及再次战斗的打算。他预料下一次战斗,二十五师右翼仍将是敌人攻击的重点目标,希望师部在力量的配置上要考虑这一点。关师长十分重视这一意见。

3月11日拂晓,日军又以飞机炮火掩护,以主力向二十五师右翼一四五团及一一二师强攻。到上午10时,一一二师与二十五师一四五团龙儿峪结合部的将军楼以西阵地被敌人突破,一一二师顽强抵抗不支,放弃古北口正面沿长城一线的第一道防线,古北口随即失陷。日寇占领中国军队的第一道防线之后,乘胜以主力向二十五师右翼一四五团的阵地进攻。

　　原来敌人的攻击在正面,可是戴安澜发现日寇在侧背出现,阵地受到两个方向的攻击,他及时指挥,要求各营针对这一情况,调整防线;另一方面他将预备队集中起来待命,以应不测。同时,向旅部、师部报告战况的急剧变化。在侧背夹击下,一四五团全体将士奋勇抵抗。

　　关麟征知道这一战况后,要戴安澜一定要坚守阵地,这样夺回将军楼阵地才有可能,戴安澜表示决心与阵地共存亡,让关师长放心。关麟征率领特务连到右翼阵地,指挥七十五旅恢复将军楼阵地。

　　11时,敌人将七十三旅一四五团与七十五旅之间的交通封锁,联络中断,消息不通。关师长亲率一四九团向敌攻击,并要求一四五团策应攻击。敌我双方发生肉搏战。激烈争夺之下,关师长被手榴弹炸伤数处,一四九团团长王润波阵亡,其余官兵伤亡甚重。形势十分紧急。这时戴安澜与二营营长赵永善高呼"冲啊!"带领战士跑步冲上与敌展开白刃战,敌人被击退,稳住了阵地,并把关师长背了下来。事后人们说,若非戴安澜、赵永善"救驾","关公"休矣。

　　至此,一四五团与一四九团交通始获安全,关师长负伤后,职务由七十三旅旅长杜聿明代理,继续率部与日寇激战,日寇虽然连续发起冲锋,但都被中国军队击退。激战一日,二十五师仍坚守阵地,日寇未能越雷池一步。

12日拂晓,敌又以主力向一四五团正面攻击,同时以大部分兵力向二十五师右翼延伸包围,由于一一二师不敌日寇的攻击而放弃了长城第一线阵地,二十五师陷于孤立,全线战况异常惨烈。日寇以轰炸机数十架,不断向二十五师阵地轰炸,重炮兵接连不断地集中向一四五团阵地猛烈射击,一四五团受敌包围死伤惨重。但全体中国官兵奋勇杀敌,宁死不屈,虽众寡悬殊,死伤相继,但仍坚守各个阵地与日寇激战。战况的发展于中国军队十分不利,一连官兵竟伤亡近80名,所剩仅20多名,甚而有班长全部阵亡之连队。

　　戴安澜看到这一情况,悲痛、焦急、愤怒的心情在胸中激荡,他命令各营连采取各自为战,占领有利地形,不断交换阵地,采取收缩击敌于指挥部的战术,在致敌于重创的同时,保存自己的战斗力。战场上,中国军队的官兵们个个英勇无畏,与敌人肉搏。这时,戴安澜已身受伤多处。激战至下午3时,一四五团及一四九团的战斗力消耗殆尽,但是日寇在右翼的包围之敌,有增无减,这时电报局人员已撤退,师部的无线电也遭炸毁,消息不通,后援不济。在此情况下,二十五师各团变换阵地至古北口西南五里的南天门一带高地,缩短防线,重新抵抗。

　　经过辗转后撤集中,晚7时,二十五师各部队全部到达新防线,隔潮河与敌对峙。这时十七军军部已到密云,其第二师已在密云集结完毕,军部令其星夜赶赴二十五师阵地换防,二十五师撤回密云附近休整补充。

　　古北口长城之战,二十五师与敌共激战三昼夜,官兵伤亡4000余人,师长负伤,团长中阵亡1人,负伤1人,营长中受伤6人,连排长死伤四分之三,士兵死伤五分之三。在这场战斗中,日寇死伤2000余人,日寇不得不承认这里是激战中的激战。在战斗中,二十五师一四五团官兵在向后收缩撤退时,与前沿阵地哨所无法联系,故而未能通知在前沿哨所的战士撤退,他们坚持在阵地消灭日寇近百名。日寇派出飞机轰炸,调集炮兵射击,但他们毫无畏惧之心,与敌顽强战斗,最后全部壮烈牺牲。日寇发现,哨所仅七人的战斗小组竟能发挥出这样巨大的战斗力,不得不佩服他们英勇顽强的精神,日军把七具中国士兵的尸体埋葬起来,并插上"支那七勇士之墓",以示钦佩。

古北口战役之后,日寇又发动了南天门战役、新开岭战役和石匣战役,日军因遭受到中国军队的顽强抵抗,损失惨重,无力再战,长城战事遂告一段落。

长城抗战从3月10日起,至5月17日止,历时70天,大小战斗数十余起,日军死伤7000余人,耗炮弹20余万发,损失惨重。中国军民同仇敌忾,共同谱写了一曲壮烈的抗日史诗。戴安澜在古北口长城抗战中,英勇杀敌,奋不顾身,虽受伤而不下火线,荣获五等云麾勋章。当时,北平报纸进行报导和高度赞扬,许多青年人对他称羡不已。

在长城抗战中,戴安澜痛感当时中国军队与士兵的基本训练存在很大缺陷,不能适应对日作战。四年之后,戴安澜写了《痛苦的回忆》一书,在书的开始,他写道:"此书编撰的目的,在保存个人经历和作本国教育之参考,与企图问世者不同,在取材方面,系以长城对日作战为背景,一半汇集各级长官颁发之战斗指导,一半系在战斗时所经历者。长城之战,迄今四年,而印象新鲜,犹如昨日,此盖因死难袍泽惨烈情形,感人至深,而动人至切,每一回忆痛苦万分,故此书定名为《痛苦的回忆》,亦示永久不忘之意耳。"此书作为练兵的教材,对部队的训练提出了积极有益并有针对性的具体意见,对于当时提高部队的战斗力,起了很大的促进作用。

同时,戴安澜在书中明确指出:中日的关系,是站在两个极端,永远不能调和,只有互相隔离。因为,日本没有一个大胆的政治家,敢签字把东三省交还中国,这是纠纷的根源;它存在一天,就不得调和,不到你死我活、胜负分明的时候,这种纠纷是不会消灭的。所谓亲善、提携、调整这类的话,都是外交辞令。因此对日寇不能抱有任何幻想,而是要坚决斗争到底!

同仇敌忾征倭寇

1937年7月7日,日寇在北平以南的卢沟桥演习,他们利用这个机会,借口走失日本兵一名,要求入宛平搜查。中国驻军不肯,日寇向中国军队发动攻击,冲突遂起。日军一面攻城,一面佯与中方交涉。日本政府召开紧急会议研究对策,除频繁调动在东北、华北的部队向北京附近集结外,又从国内派遣十个师团到中国,叫嚷"乘此时机应对冀察给予一击",要"利用这一事件,推行治理中国的雄图"。并发表了所谓《关于派兵华北的声明》。由于日寇在卢沟桥挑衅,打响第一枪,从而引发了中日之间的全面战争,这是多年来日本要独霸中国野心的大暴露。

从7月7日到8月30日,短短的五个星期之间,日本侵略者把战火从卢沟桥畔扩大到平津地区,从华北扩大到华中,原来的局部挑衅发展成了全面侵略中国的战争。这场战争给中华民族带来空前严重的亡国危机,抗战御侮,救亡图存,成为中国各阶级、各个民族最紧急的共同任务。为了国家尊严和民族生存,国共两党实行合作,决定予敌以坚决的抵抗。这样,在全中国范围内,很快就出现了团结抗日的局势。

戴安澜这时仍任一四五团团长,部队在陕西的礼泉。7月14日,抗日动员令下达,部队到兴平集中,在誓师与日寇决战的大会上,戴安澜带领全团将士齐呼:"愿以我们的智慧和生命来保护我们的祖国!以铁血来保卫我们的国土,把以往我们所受的损失和耻辱,与敌人作一次总的清算!"

誓师大会以后,部队在兴平待命等车。这一段时间,戴安澜和全团官兵们抓紧时间演练,他对官兵们说:"战端未启,而未雨绸缪,先事战斗准备,是军人的责任!"全团官兵的情绪都很高涨,尤其对于北方战况非常关切,每天到了读报的时间,大家都争先阅读,在贴有报纸的地方,总是挤满人在观看,有收音机的地方也总是围满了人在听,戴安澜也是其中的一员。他看到这一情景,思绪起伏,情绪高涨,他认为,这现象正证明了一般人对国事的关切,更证明了一般人在爱国情绪高涨的今日,以国事高于一切。刚工作完的人们,都顾不上休息,关注战争的消息,这是如何好的现象啊!

7月27日,部队接到命令,将于一二日内开赴前线,全体官兵极为振奋,就在这一天,由北平传来前方已攻克丰台、廊坊、通县的消息,全体官兵及民众都欣喜若狂。可是,第二天,7月28日,部队正准备乘车出发时,传来的消息说攻克的地盘又被敌人夺去。一开始,许多官兵有些失望,但很快又酝酿出愤怒和更为激烈的情绪。

在这种情况下,为了稳定官兵的情绪,增强对未来战斗必胜的信心,戴安澜在乘车前召集全团官兵训话,他对大家说:"只要是一个有远见的人,都知道一时的成败是无关大局的,战争是要看最后的胜利,军事上一时受挫,是不能决定战争结局的。"他又说:"从人民的情绪上,可以看出他们对国事的关心!这是我们伟大中华民国的国魂,是我们民族复兴的坚固基础。"他又进一步向全体官兵指出:"中日的形势,是站在两个极端。日本占领我们的土地之后,还要根绝我们的抵抗心理,这是一个非常错误的政策!世界上从古至今,没有以单纯的武力征服另一个民族的。我中华民族是炎黄子孙,有五千年的文明史,区区日本,以小犯大,以逆犯顺,来灭我中华岂不是幻想!日本其实是一个外强中干的岛国,在目前这场战争中,我国是处于致人而主动的地位,日本是处于致人而被动的地位,敌人在战略上说,是处于劣势。这次卢沟桥事变,国内各阶级团结抗战,群情激昂是历史上所没有的,而日本出征的士兵无不厌战悲观,这是胜败的关键。我国民族蕴藏的力量非常雄厚,现在统一对付日本侵略者,有了发挥的机会,它一定会燃起极大的火焰,给予侵略者以痛击,而完成其伟大革命使命,胜利的荣冠,一定属于我们。"

戴安澜的讲话,给了官兵们以极大的鼓舞和振奋,在充满必胜信念的激情中,他们乘上了开赴战场的军用列车。

列车由西向东不停地奔驰,戴安澜的心情随着前方军事形势的变化,在不停地动荡着。当听到一些军队的指挥官在与日军相遇时,或逃跑、或变节、或卖身投靠的消息,他十分苦闷,他想,国家养士多年,那些高官厚禄的所谓军人,平日安富尊荣,一到临危犯难时,连一点忠勇的气节都没有表现!把自己的生命看得比国家还重要!对这样的懦夫,非予以极重的惩处,是不能振奋士气的。

戴安澜又想,当战争开始时,假如二十九军固守平津,而以五十三军驻平津以南,再加上后面的援军,力量是雄厚的,完全可以打退日军的进攻。但是十分可惜,一些军队的指挥官,迷信和平协商,不作战斗准备,事变来得仓促,而仓皇应战,自然是很失算的。他进一步想,如果整个军事部署能早一些,察绥的军队向热河进攻,而截断古北口敌军向南压迫北平的进路,则北平不致陷于四面重围。调动到保、石的援军,接防北平西南,而使二十九军专门担任北平东和天津的防备,军事或不致失败至此!现在的形势是到平津以南作战了,平津做了敌人的后方,想到这里,戴安澜感到这是如何痛心的事啊!他想现在唯一的办法是赶快布置反攻,趁敌人整顿尚未就绪,傀儡还没有登场,收复平津还比较容易。他真诚地希望这次北上抗日,能达到这个目的。想着想着,戴安澜在火车有节奏的震动声中进入了梦乡。

　　从陕西兴平出发,军车日夜兼程,沿着陇海路、津浦路由西向东,再由南向北,经河南、山东向河北的方向不停地奔驰。一路上军车的运行,一改过去由军队管理的状况,而由交通部门负责,与前几次部队调动时出现许多混乱的情况相比,运行十分正常,铁路线上的人员工作特别紧张,绝没有以往那种偷闲怠惰现象。蓬勃之气令戴安澜倍感兴奋。军车所经各站,民众都以欣慰的眼光注视着这支奔赴抗日前线的队伍。经过济南、德州站时,市民还以鼓掌向征战的将士表示敬意和激励之情,戴安澜与官兵们也同样以鼓掌报答市民们,表示衷心的感谢!军民的抗战情绪已经融合为一了,一股暖流在戴安澜全身流动,他深深地感受到,全国同胞已结成一条坚固的战线,无论任何的艰难困苦,都只能使他的力量倍增。

　　列车行驶在中原大地上,戴安澜从车厢敞开的拉门向铁路沿线的田野望去,秋季的庄稼茁壮地生长在田间。看着这一派喜人景象,出生于农村、曾经劳作于田间的戴安澜更是感触很深,他知道中国一旦有天灾人祸,农村总是首当其冲。而这几年连年的丰收,民间经济已恢复不少,今年夏收又是大丰收。他感到以这样的储藏,在战争中,不致发生粮食问题,想到此,他不由自主地露出欢欣的微笑,因为这是最值得快慰的事啊!

　　7月31日晚11时,戴安澜将军所乘军车到达徐州站外,等候一小时后,才开到车站。这时,列车不再向前开了,接着又来了数列列车,一时间,整个车站上人货集中。戴安澜警觉地意识到,需要紧急疏散,如果敌人空袭,那将是十分危险的。他命令部属立即与车站交涉,后来才知道站长不在车站,在自家的公馆里。

戴安澜让车站工作人员接通站长的电话，亲自与其通话，经过戴安澜的催促，才使得站长从睡梦中清醒过来，然而站长的行动十分迟缓，这使得戴安澜大为不快，经过交涉之后，军车才匆匆向北行驶。这是戴安澜在这次军车运行中唯一不满意的事。

列车由徐州开出之后，戴安澜久久不能入睡，又陷入了沉思。从陕西兴平出发，火车经过西陵，遥看汉武帝墓和霍去病墓前"马踏匈奴"的石刻，以及到洛阳见宋太祖陵寝，心里油然产生崇敬之情，他憧憬着：今天是我们黄帝子孙奋斗的日子，勇进就是生存，怯退就是毁灭，决不能徘徊犹豫，敌人决不会恩惠我们，祖国的存亡，完全操之于我们自己手中，敌人是无能为力的，所以我们不要问敌人力量如何，先要问自己的志气如何，我们有五千年的文明史，是不会亡国的，国家兴亡是我们应负的责任。

一路上，戴安澜就是这样看着、想着……忽然，戴安澜耳旁响起了"打出关东"、"打出关东"的叫喊声，他向四周看去，发现大批的官兵在他周围，他要从座位上跳下来，要带领士兵向前进。就在这时，他被卫士叫醒了，原来在睡意蒙眬中，行进中的车轮与铁轨撞击所发出的有节奏的震动声，使得戴安澜把他连日来的思念在梦中反映出来，变成"打出关东"的叫喊声。部队原定在沧州下车，临时因为军队的拥挤，故改在沧州以南的砖河下车。这里虽然距平津还有二百多里的路程，但是戴安澜对全团官兵说，我们终于到了战场，我们要赶快前进，收复我们的平津，我们一定要打出关东去！

华北战场御倭寇

部队到达砖河后，在原地驻扎待命。8月初的河北，烈日高照，天气炎热，没有一丝微风，不管是在室内或树荫下，人们都汗如雨下。经过长途的行军，官兵都很疲劳，戴安澜到各营连巡查，看着躺卧在地铺上的官兵们,想到即将到来的战斗,他心中既是无限的激动,同时又感到十分沉重。长城抗战的经历,他仍历历在目,多少优秀的官兵为保卫自己国家的安危和民族存亡,牺牲在了祖国的大地上,那战斗的场景壮烈感人。

为了有效地打击敌人,他感到在战前有责任一定要集合全团官兵,宣讲对日作战之注意事项,提高官兵对当前日寇侵占平津局势问题的认识。当大家休息时,他在认真地准备着,不停地思索着。

太阳西斜,气温稍低,戴安澜集合全团官兵发表讲话。他说,长期以来,日本不断地侵略我国,掠我土地,杀我同胞,抢我资源,坏事做尽,所以中日之间是世仇,这场战争是旷日持久的战争,对日寇的斗志要保持到战斗结束,一定不能、不要、也不应该始勇终怯!而必须是一如既往地勇往直前!对于日本占领平津问题的认识,他说,这是一时的挫折,不能因此而悲观!要树立会师平津、驱逐日寇出中国领土的精神,要与日寇进行持久顽强的战斗!戴安澜对全团官兵斩钉截铁地说,我们的生死存亡,完全操之于自己之手,敌人是无能为力的。

对于即将到来的战斗,戴安澜告诫全团官兵,我们不仅要有上面所说的正确认识和建立起来的信心,部队还应该保持坚强的战斗力,要保持战斗力,首先是要减少伤亡。他要求每一个人都会有效地利用地形、地貌来保护自己,避免损失。他又反复叮咛,并用自己以往的亲身经历来说明这个问题的重要,以期官兵能深刻清醒地理解这一点,为了使全团官兵对减少伤亡的理解和认识,戴安澜向全团官兵提出"不隐蔽就是自杀"的口号,以激励起大家的足够重视。接着戴安澜对官兵们说,保持战斗力的另一个方面就是有效地打击敌人。对此,他要求全团官兵在战斗中要沉着应战,向大家提出射击一定要认清目标,告诫士兵们:"看不见不打""瞄不准不打""打不死不打"的三不打方针。在集合训话的最后,戴安澜要求大家抓紧时间休整,在原地待命时,按照团部的计划,认真进行军事训练。他严格要求部队执行纪律,不得侵害老百姓。

在随后的时间里,戴安澜在焦急地等待着上面的命令,处于紧张状态的情绪支配了他整个思想。他想,也许军队还没有完全集中,因而整个军事行动还难以进行。但是他认为收复平津的军事行动,愈快愈好,时间延长,是于敌人的防御配备有利的,这样我方攻击时就会感到困难。他进而设想,第一次会战的目标,应该是收复山海关以东,一举将敌人逐出关外,第二次会战,收复东北失地。这样,60年的国仇,才可以从此洗尽。

燥热的天气,夜晚室内无风,戴安澜露宿在庭院之中,凌晨鸡鸣即醒,再也睡不着,想着这次战争关系到国家存亡,稍一不慎,即会浩劫随之,心中愈感作为军人责任的重大。他想到日军对我军采取的战术,是恃其武器优良,常用"中央突破"的打法,日寇又称为"楔入战术",又俗称为锥入,以示硬锥之意。实施这一战术都是炮兵先行轰击,尔后步兵跟上。

他从实战中感到,日寇的炮兵射击精确,但步兵并不高明。为了对付敌人的这种打法,他思索出两种办法:一是当敌人向我中间攻击企图突破时,我军两翼向敌攻击;当敌人向两翼反扑时,中间守军向敌人反击。戴安澜称之为隐蔽起伏战术,用此法来打破日寇中央突破的战术。二是由于敌人炮兵使用的火炮口径多为7.5厘米,射击仅距离8公里,其阵地离步兵亦近。对此,可采取潜入战术,即组织敢死队,人员少而精,专门干扰和袭击敌人的炮兵,使其不能准确、安心地向我射击,而我步兵不受敌炮火限制,胜利的希望就可大大增加。戴安澜想到这里,倦意全无,立即拿起笔来,把自己的这些想法写成详细的报告,向上级呈报,以期引起上级的重视,他感到这是他作为军人应尽的职责。

日本侵略者自七七事变全面对华开战以后，企图在中国速战速胜，首先在华北给中国以彻底打击。为了实施这一战略，日本侵略者从几个方向向中国军队进攻。在北部，日军从东北调集第五师团和关东军混成旅向北平发动攻击；在华北集结近十个师团的兵力和临时航空兵团组成支那（华北）方面军，并以其中的六个师团分别组成第一军和第二军，计划沿平汉线、津浦线向南发起攻击；在上海方向，日本组成上海派遣军，向上海发动攻击，由东向西，继而向北企图与津浦线南下的日军会合，实施南北夹击。早已在日本侵略者占领下的青岛和胶济线，成了日军的军事补充基地和补给线。

  日军在集结布置的同时，积极了解中国军队的设防情况。日寇的飞机每天早上要从南向北飞一次，进行侦察。由于中国军队缺乏对空射击武器，只能看着这些侦察机毫无顾忌地飞来飞去，正进行军事训练的官兵们看到这一情况，怒不可遏。许多士兵们都在想方设法利用手中的常规火器来打击敌人的嚣张气焰。戴安澜看到士兵讨论、研究的情景，心中极为兴奋，这是他求之不得的好现象。他心想，爱国心是多么伟大的一种力量啊！

  经过一段时间的等待和训练，部队接到命令，要向保定方向开发，就在这个时候，天气发生了变化，开始下起大雨，连续不断，平时干旱的河床水位高涨，水流湍急，波涛汹涌。部队由砖河镇出发，一路上淋着雨，官兵们穿着浑身湿透的衣服，每天，在大雨滂沱的道路上艰苦行军，只能休息很少时间。一周的时间经任丘、高阳、保定到完县，担任完县的城防任务。

  8月18日，戴安澜接上级电报，由一四五团团长升任七十三旅（本旅）旅长。大家都为他庆贺。戴安澜对这一升职却有自己的感受，在当天的日记中写道："其实当此危急存亡之际，只有加重责任，所谓荣誉，在我们心理上尚毫无感觉，唯有益自奋勉，以期毋添厥职耳。"

不久，七十三旅奉师部命令，移驻完县东北的满城县西郊，构筑山地工事。戴安澜带着僚属们到现场查勘，确定工事的构筑。在金色的阳光下，田野中的秋禾结实累累，摇曳多姿，为大地构成一幅美丽的图画。戴安澜看着这风景如画的景色，又看着蹲在将要被构筑成工事的田亩上的主人们愁苦焦急的样子，这使他的恻隐之心油然而生。但是为了抗日的大局，他对这些田地的主人们说，军队住在一地，如不作工事，待敌到达，才仓皇应战，岂不贻害国家。今天要破坏一些田地，使你们即将到手的庄稼不能收成，这也是你们的损失。但是防倭是国家大事，两害相权取其轻，唯有忍痛使你们遭受目前的损失了，等到驱逐了敌人之后，再为你们谋求安定的生活吧！

这一年的河北，秋雨不断，虽至深秋，而雨季仍未过去。连续的降雨，将北方的炎热一扫而光，随着秋来露冷，北方的气候已寒。晚上戴安澜回到房中，提起笔来给自己的妻子王荷馨写信，问候父母妻子儿女们，在信中告慰家人自己一切安顺，以免家人的挂念。同时，叮嘱妻子荷馨要孝敬父母，要儿子覆东好好读书，锻炼身体，信中还要妻子将御寒的衣服准备好，让军邮送来。信写好之后，戴安澜把它放在手中凝视着、沉思着，心想要不是倭寇的侵略，何至于战火四起，家人不得团聚，还要劳烦千里外的妻子将准备御寒的衣服邮来。倭寇！我们一定把你们赶出中国，你们对中国人犯下的血腥罪行，我们一定要和你们彻底清算。

9月中旬，日本华北方面军基本完成了集结，第一军的主力开始南进。此时的中国军队虽然统一指挥，但嫡系、非嫡系部队的上级指挥官之间相互不服，各为保存自己的实力，在阻止敌人南下的军事行动中不能相互配合、统一作战。

然而广大中下级军官和士兵抗日心切，他们与日寇展开了殊死的战斗,阻滞了日军前进的速度。戴安澜的七十三旅在守卫保定的战役中,守备大栅河南岸,日寇飞机编队飞行在南岸阵地上空,由早至晚十余次地进行轰炸,制空权完全掌握在敌人手中。此时,敌人又组织了汉奸队,夜晚对戴安澜的阵地进行袭击、干扰。

第二日,敌人在攻击前仍然采用炮击的手段,而此时,戴安澜不见争取配属于他们的炮兵三营回击,十分诧异,他不顾弹火纷飞,带人四处去找三炮营的营长。找到他时,见他已受伤,气息奄奄,看到此情景,戴安澜心中极为感叹:军官如此,实为可敬。

敌人在炮火的掩护下,强行渡河,但越过大栅河的日军,都被我军猛烈抵抗而逼至河边。日军凭借他们空中与炮火掩护和手中武器的优势,不断向七十三旅的阵地进攻,阵地几次被敌人突破,又被我军夺回来,敌军从七十三旅右翼友军的阵地突破,对七十三旅形成了被包围的态势。此时戴安澜看到沿河阵地恢复无望,决心与阵地共存亡,他命令各部队收缩,将力量集中,给敌人以打击。又经过一个多小时的激烈战斗,敌我双方损失惨重,师部命令七十三旅撤至保定东南一带集结,两天两夜的激烈战斗,遂告终止。在这次战斗中,七十三旅伤亡官兵无数,为此,戴安澜专门写了《慰劳七十三旅之受伤官兵书》,派司药赵英为代表前去慰问。在信中写道:"历次战役,虽以武器悬殊,未达到完全胜利的目的,但在数倍于我之猛烈敌人炮火下,你们英勇壮烈,那种动天地泣鬼神之牺牲精神,实足以寒敌胆!倭寇在人力、物力上,已经受到巨大的创伤,只要我们坚持,一定争取得最后胜利""同志们,起来,起来,裹创再战"。

七十三旅经过四天的撤退,9月27日,到达晋县集结整理。10月初奉令由内邱、彰德至卫辉,连续九日南行,不断撤退,一次退至千余里。对此,戴安澜欲哭无泪!

日寇第一军于9月24日占领保定后,10月1日从保定附近出发继续南侵,8日攻陷正定、灵寿后,强渡滹沱河,10日又攻陷石家庄。与此同时,日寇第二军的两个师团配合第一军也到了石家庄以南,二军会合后,继续南下,18日到达漳河。

为阻止日军沿平汉线继续南侵,中国军队决定在漳河与日军进行会战。戴安澜所在部队接到会战命令,一天之内急行军120里,赶至观台镇,19日晨,戴安澜到前沿阵地侦察,发现敌人部队,军长命令七十三旅一四五团派出一营部队迎战敌人。

战斗打响,戴安澜上山观察敌情,由于日军的顽固抵抗,戴安澜决定将一四六团预备队归一四五团指挥,对敌人继续攻击,双方对峙,战况空前激烈。不久师长及参谋长也到了旅指挥所,了解战况,并决定翌日的攻击由戴安澜部署。

战斗仍在继续之中,枪声彻夜未停。21日晨4时,激烈战斗又开始,戴安澜沉着指挥,战至7时,日军从两翼突破中国守军,中部一四五团被围,戴安澜已无预备队,他心急如焚,只得组织后撤士兵迎战。

正在此时,师长也赶来督战,激战至11时,阵地才得以恢复,阵脚稳定下来。这时增援部队赶到,从右翼向敌人发动攻击,日军也不断反扑,炮声震天。七十三旅所守阵地的二翼部队的团长一死一伤,指挥系统已不能再行职事,中部守军伤亡惨重,无力出击。中午12时,友军增援部队攻击失利而溃退,七十三旅中部的一四五团受敌压迫更甚,在全团官兵的坚决抵抗下,敌人未能前进一步。战斗至黄昏,戴安澜带领剩余的部队向敌人发起攻击,以期将丢失的阵地夺回,由于部队伤亡过大,战斗力大大减弱,攻击未能奏效,全体官兵悲愤之至。在这样的情况下,师长在下山之前与戴安澜约定,第二天将七十三旅撤下整理,由其他部队接防。

午夜接电令,向南撤十里,到下蔡村宿营。漳河之战是七十三旅在保定失败之后未经修整与敌人的又一次战斗。当戴安澜到各部队查视损失,见伤亡甚重,军队力量消耗殆尽,心中十分沉重,而一四五团韩梅村团长见旅长来到,放声痛哭,戴安澜亦涕泪横流。稍后,他要韩团长勉抑悲怀,继续奋斗,以鞠躬尽瘁、死而后已之决心,与敌人拼死决战。对于在战斗中部队仍能以旺盛的精神与敌人死战,戴安澜引以为慰。这次中国军队的漳河之战,使日军遭到很大损失,阻止了日军快速南侵的步伐。这时,日军已基本上占领了整个河北省。

在这样的形势下,戴安澜心中默念,万一不幸于军事上无法挽回颓势时,则以不渡黄河之决心,潜伏在黄河北岸,予敌以威胁,以示中国不亡,保卫我中华民族发源地的河北。如大势已去,为免父母家人受累,拟改姓名为"戈挥日"。戈,存戴字义,挥日,为他历来要逐出日寇的志向。他想在这样的情势下,除衣食以外,一文不要,如有所得,则完全送给官兵,以为表率。他考虑到如在河北游击时,对于给养、军纪、联络、人事、编配等问题,一定要预先考虑到,他想就此事征得他的好友、河北人焦沛然的同意,以求共谋此工作。同时,他将此事函禀叔祖父,请其如万一不幸,国都南京沦陷时,即由家人为其发丧,以掩人耳目,此后即以戈挥日名义纵横于黄河北岸。彻夜的思考使得他辗转不寐,誓与日寇死战到底的决心使得他热血沸腾。

就在此期间,戴安澜得到五个月的薪水,共计大洋一千五百元。他想,战争开始以来,国用浩繁,而身为军人,又未能克尽军人天职,拿此巨薪,受之有愧,于心何忍。他决定拿出一千元,捐献国家,以表献金赎罪之意。他立即将款送到师部,并将此事报告师长。对于戴安澜的这一举动,全师受到震动,师长打电话给戴安澜予以表彰,并准备师内也要有所表示。戴安澜初算一下,一师如能捐一二万,则政府可以省几百万支出。他感到自己的一点微薄之意,竟有此效果,实在出乎他的意料,也给了他极大的安慰。

中国军队在战场上,虽然广大官兵英勇奋战,视死如归,但在军事行动上,不但没有进步,反而处处受到挫折,这究竟是何故?在战斗间隙,特别是在深夜,戴安澜回想着中日开战以来,他的部队在战场所发生的一件件事情,思索着这里面的原因。

一些舆论提出,这次战争是日寇早已有准备的战争,他们妄图一举占领中国,是有备而来,而我方是仓促应战,当然一开始失利是很自然的事。戴安澜虽然对这一观点不是完全的否定,但他始终认为战场的失利非器之罪,乃人之罪也。

首先,在整个战役的安排上,他始终感到上级没有一个完整精确的计划,且作战决心不强,一再贻误战机。作为下级军官的戴安澜,他为此而焦急,根据形势的发展,他设想过许多会战方案,但是人微言轻,无法实现。

其次,在战斗中,上级指挥官的能力太差,军队运用不灵。对部队的调动,毫无计划,早上命令部队到达某地,午夜又命令移驻他处。甚至出现早上命令赶到某地执行任务,当部队刚到达阵地,又接到命令返回原地待命的怪事,部队往返周折,元气大伤。戴安澜认为以此任意调动,不顾军队疲劳,实为失败之重大因素。另外,前后方也不能一致,前方作战官兵任意损失军需,而后方补充又极困难,不能相机行事,予以灵活之补给。

第三,不少部队军纪荡然无存,廉耻沦丧,实为乌合之众,无任何战斗力。一些部队在驻地多日,不按命令修筑工事;一些师长把家属安置在师部指挥驻地,都非革命军人所为;一些军官用民夫不给钱;还有向群众赊账不还,等等现象。戴安澜感到军官成分复杂,多数不肯战斗或不能战斗,国家养兵,而怠惰至此,令他感到十分危险。

第四,在战术上,各级指挥官也多有不了解。例如,如何进行炮、步兵联合作战,如何打破日寇惯用炮火掩护步兵进攻的战术,又在对敌人发起攻击时,如何协调一致,等等。往往由于对这些战术不了解或使用不当而贻误了战机。想到这些战术的问题,戴安澜决计搜集他平素拟撰写的军事基础理论的教材,在各级官兵中广为讲解,叩开军人求知之门径,以便提高战斗力,为在今后的战斗中转败为胜创造条件。

戴安澜转念又想,自开战以来,敌虽争城得地不少,但已出于力战求胜之下策,较之初期欲用不战而胜之上策,及连战连胜之中策已损失甚多。故其来势虽甚凶,而结果实自掘坟墓也。他忆及孙子所说"上兵伐谋,其次伐交,其次伐兵,其下攻城"及"全国为上,破国次之;全军为上,破军次之"。感到敌人虽占城池,而其实已失败,大中华民族,当永久与世界共存,光明已照耀我们的前途。想到这里,不禁胜意盎然,带着这样必胜的信心,戴安澜愉快地进入梦乡。

经过稍稍整顿,部队继续南进。出发时,戴安澜恐怕官兵们气馁,特地把军队集合起来讲话,向大家说明,日本最初希望对中国不战而胜,后改为速战速决,现为苦战求胜,在战略上已出下策,纵在战术上有苦战成功,但终不能挽回其已定的失败,现在日本在国际上陷入孤立,大战不久将临。我们应当培养实力,以待时机,日本亡我时机已经过去,目前军事的失利,只是一时现象,我们应鼓足自信心,以求最后胜利,如自行气馁,则真失败了。为了坚定全体官兵的决心,戴安澜特录文天祥《过零丁洋》诗一首:

辛苦遭逢起一经,干戈历历四周星。
山河破碎风飘絮,身世浮沉雨打萍。
惶恐滩头说惶恐,零丁洋里叹伶仃。

人生自古谁无死,留取丹心照汗青。

(戴将军注:尤注意后二句)

以及岳武穆《满江红》词一阕:

怒发冲冠,凭栏处潇潇雨歇。
抬望眼,仰天长啸,壮怀激烈,
三十功名尘与土,八千里路云和月,
莫等闲,白了少年头,空悲切。
靖康耻,犹未雪,臣子恨,何时灭?
驾长车踏破,贺兰山缺。
壮志饥餐胡虏肉,笑谈渴饮匈奴血
待从头收拾旧山河,朝天阙。

他要求各级官兵熟读这些诗词,以坚定自己的抱负。稍后,部队到河南新城。指挥部住一小学内,戴安澜见该校师生对战况甚是悲观,他决定晚7时集合全校师生讲话,一方面向师生介绍一些最近的战况,并将上午出发时对部队的讲话重述了一遍,最后专门讲了法国小说家都德的短篇小说《最后一课》的故事,他强调说明这故事旨在宣扬维持民族精神于永久,鼓励大家要振作起来,要看到光明的未来。他讲完以后,师生们热烈鼓掌,脸上露出了喜悦、自信的笑容,戴安澜也感到由衷地欣慰。

血战台儿庄

日寇于1937年12月13日占领南京后,徐州成了中日双方争夺的焦点。徐州是津浦、陇海两条铁路线的交汇点,有向东西南北转运兵力和后勤物资的枢纽作用,因此历来是兵家必争之地。中方控制了徐州,则作为一战略要地,可攻可守。日方占领徐州,可以贯通津浦线,切断陇海线,并威胁平汉线,且可作为向中国腹地进攻的基地。因此,双方对徐州之争,势在必行。

日军为攻击徐州,12月下旬由南向北分三路渡江北进。西路由芜湖经裕溪口沿淮南铁路北上,此路为日军第九师团。中路沿津浦路北上,此路为日军第三师团。东路由镇江经扬州沿运河北上。1938年1月下旬,北上的日军与中国军队对峙于淮河以南蚌埠、明光、高邮一线。徐州以北的津浦路,由于韩复榘被日寇收买,与日寇勾结在一起,其第三集团军不战而退至济宁运河以西地区。如是,日军第十师团矶谷廉介所属部队接踵南下,先后占领了济南、泰安、兖州等各要点,并派出步、骑、炮、工兵联队及战车队为前锋,向邹县进犯。同时,日军第五师团,从青岛登陆,沿胶济线出击,并拟沿潍县至台儿庄公路向南侵犯。

由于韩复榘放开津浦路,为防止日军长驱直入,徐州会战势在必行。白崇禧向周恩来、叶剑英请教。周恩来分析说:"日寇现在是调集精锐,分进合击,这就需要我们避其锋芒,机动灵活地消灭它。我建议在津浦线南段实施以运动战为主、游击战为辅的联合行动,驰骋于辽阔的淮河流域,使这里的日寇时刻受到威胁,不敢贸然北上支援南下的日寇。而在徐州以北,则采用阵地战与运动战结合的方针,守点打援,以达到各个击破、出奇制胜的目的。"白崇禧对此完全赞同,并将此意见告知李宗仁。同时,周恩来派张爱萍到徐州见李宗仁,提出作战补充意见,李也深表同意。

按此方针,第五战区司令长官李宗仁在徐州调动第二十二集团军到滕县附近,担任津浦线正面防卫,张自忠第五十九军驻扎在滕县南侧,作为二十二集团军的后备部队。同时为防止淮河以南日军北犯,李宗仁分别集合韩德勤第二十四集团军、李品仙第十一集团军、廖磊第二十一集团军和于学忠的第五十一军设防阻击。同时,将汤恩伯第二十集团军作为第五战区的预备兵团。当时,戴安澜在第二十集团军五十二军二十五师七十三旅任旅长,军长为关麟征,师长为张耀明。

1938年2月下旬,日军板垣第五师团一个旅团,沿胶济线南下,并由东至西向驻扎在临沂的四十军庞炳勋进攻,协助津浦线北段正面南下日军进攻徐州。3月初,李宗仁将集结滕县南侧的张自忠第五十九军东移至临沂附近,协防庞炳勋,并在临沂以北击退了日军的进攻。但是,津浦线正面之敌于张自忠部队东移之机,立即行动,分从津浦线和滕县东节节南犯,于3月16日迫近滕县。

在此形势下,五十二军奉命到津浦线上的利国驿车站附近,二十五师于3月18日到达指定的地点。第二天奉命开往枣庄以东向城待命。这时沿枣庄南下之敌于20日占领峄县,其尖兵部队已推进到台儿庄北侧地区。3月22日,日军已迫进中国军队防守台儿庄的主阵地,接着就与中国的台儿庄守军三十一师展开激战。3月22日,五十二军向枣庄以东移动,二十五师七十三旅驻新兴庄附近。这时,军部指示戴安澜,对峄县方面派出警戒。

第二天上午,二十五师七十五旅驻扎的郭里集发现日军部队,双方发生战斗。七十三旅原地待命,同时严密监视枣庄方面的敌情。正午,枣庄约有二三百名日军企图向郭里集增援,七十三旅在戴安澜的指挥下实施阻截,经过激战,日军未能前进,不得不退回枣庄。

下午,日军第十师团濑谷旅团约四千人攻击郭里集,打开中国军队在北面对台儿庄的包围,向峄县台儿庄方向靠拢。为减轻中国军队在台儿庄正面所受的压力,二十五师向红瓦屋屯攻击,要将敌压迫于台枣支线以西而消灭。经过两天激战,二十五师已将敌压迫于台枣支线附近,并一度切断台儿庄至峄县的交通。

3月29日,日军为挽回其失败的态势,以解台儿庄之危,派片野联队的三千步炮联合部队向五十二军侧背急进,这时正在与敌激战的部队不得不向军指挥部靠拢。七十三旅奉命在兰陵阻击敌人,日军正面攻击不下,绕过兰陵镇西北向台儿庄方向逃窜,与台儿庄的矶谷师团会合。其掩护部队约500人被七十三旅包围在兰陵镇西北的傅庄。七十三旅一四五团及炮兵一连在戴安澜的指挥下,经过一昼夜战斗,敌人大部被歼。经过数日的战斗,五十二军各师均接近台枣庄支线,其间戴安澜指挥的七十三旅火攻陶墩,计取朱庄,为完成部队的集结,起了关键的作用。

　　敌人为夺回失去的朱庄阵地,向戴安澜部队发起反攻。为消灭进攻敌人,戴安澜巧妙地将部队埋伏在预定的地点,形成口袋,仅在庄前派出一挺轻机枪,用麦草铺在桥头大路上,假装埋设了地雷的样子,日寇步兵在三辆坦克的掩护下,向丢掉的朱庄猛扑,当他们赶到这里后,害怕地雷,慌忙撤退,戴部放过坦克向步兵发起进攻,一阵手榴弹,与日寇展开白刃战,将日军消灭大半,获得全胜,巩固了已占领的阵地。

　　台儿庄之敌在中国军队的包围下,负隅抵抗,中国军队则发挥了大无畏的精神予日寇以重创,小小台儿庄成了血与火的村庄。

　　日寇为了逃脱中国军队对他们的打击,决定于4月6日午夜向峄县撤退,在此之前,向五十二军阵地猛攻,以掩蔽其逃窜的真实意图。午夜,日军撤退后,五十二军及其他中国军队跟踪追击。4月9日,中国军队向峄县逃窜日军从东、从南发动攻击,日军拼命反抗,二十五师各部经过多日激战,占领了九山以北多个村庄,使日军感到威胁很大,多次对二十五师阵地猛扑,均被击退。4月15日,日寇孤注一掷,集中兵力击破二十五师右翼一四五团第一营阵地并对二十五师右翼实施反包围,戴安澜见此情况,亲至一四五团指挥反击,经过三小时激战,右翼阵地始稳定下来,但是日军增援部队不断。

在此情况下,二十五师奉命转移到九山以东,中日军队形成对峙状态。4月17日,为防止日军反击,五十二军又奉命向邳县以北的艾山、连防山、燕子河一线转移。由于二十五师七十五旅一五〇团的麻痹,其守卫的连防山阵地被日军攻克,经过多次反击未能夺回阵地。这样,五十二军的全军阵地都暴露在日军面前,防守半步店子、虎皮山、艾山西等地的七十三旅成为日军将要攻击的重点。为此,七十三旅日夜构筑防御工事。这里是石头山,戴安澜与僚属们共同商定要按照地形利用土石建造掩蔽部,山上没有足够的土源,戴安澜就和大家一起从山下运到山上去,经过两天两夜的努力,防务大大加强。

第二天,敌人向守卫虎皮山的七十三旅发动攻击,在飞机和炮火的掩护下,步兵向七十三旅阵地运动。当敌机轰炸及炮击时,戴安澜让大部分战士进入掩蔽部,他与少数官兵监视敌人,当敌人步兵进入600米火力射击范围时,各种武器同时发射,弹道距离地面不到一米,形成交叉火力网,给日军以杀伤性打击。同时派出小部队两翼侧击,使主攻日军三面受到打击,无法向前攻击,日军两次进攻都给打退了,这是戴安澜对付日军中央突破的隐蔽起伏战术的成功,使大家受到很大鼓舞。在兵力的使用上,戴安澜决定以营为单位,24小时轮换一次,这样战士的士气始终饱满。

第三天,敌人发动了更强的攻势,日军见虎皮山久攻不下,决定将主力进攻艾山西,企图从侧背切断艾山与虎皮山的联系。这时,七十三旅处于正面与侧面同时受敌的状态,戴安澜及时向师长报告这一情况,师长派一四九团由侧面袭击进犯之敌,在两个方面的夹击下,日军受到很大伤亡,攻击又告失败。就这样,日军连续多日的攻击在中国军队的坚决有力反击下屡屡受挫。于是，日军又在晚间分别向七十三旅守卫的半步店子、虎皮山及艾山发动全面攻击。戴安澜沉着指挥，并向师部报告敌人的动向。这时，半步店子已展开巷战，虎皮山、艾山斜面已被敌占领，战况十分紧急，戴安澜带领预备队用手榴弹及密集的火力将敌人阻击住，同时要求用炮火支援，将山坡的敌人消灭，师部集中了大口径迫击炮和山炮，由近到远形成射击火网，在射击之后，守卫部队除组织正面出击外，还向两翼派出小部队向敌袭击。经过数小时的激战，日军的攻击再次被打垮。第二天，日军派出飞机对中国守军阵地扫射，还不时用炮火对中国军队的阵地炮击，双方对峙。

黄昏后，七十三旅派出工兵在阵地前沿埋下地雷并加强侧防火力。天黑后，日军又来进攻，结果被阵地前沿的地雷大量杀伤，七十三旅乘机把占领半步店子的一部分日军赶走，恢复了原来完整的阵地。以后的几天里，白天敌机轰炸，炮火攻击，晚上小股敌人来犯，均被中国军队击退。日军由于伤亡过大，此后再不攻击七十三旅守卫的一段阵地，战斗遂告结束。

戴安澜曾对妻子王荷馨说，这一仗打得非常辛苦，几天几夜不能合眼，驳壳枪的枪管都打得冒烟。他在写给堂弟戴子庄的信中说，经过20天的苦战，已将攻击台儿庄之敌击溃，并俘获甚多，此为抗战以来的大胜利。喜悦之情跃然纸上。日军在报道艾山战况的广播中说，有一俄国军官在指挥中国的军队战斗。由于戴安澜每在战斗激烈时，总是身先士卒，亲临第一线，其体形魁梧，故使日寇丧胆而误传。日军久攻虎皮山不下，将目标转移到大小刘庄，集中兵力将小刘庄攻下，这时友军多少次反击不能奏效，关军长命令七十三旅攻克小刘庄。如何消灭这股敌人，夺回小刘庄，戴安澜在与日寇的作战中已总结出敌人在战斗时常使用一中队的兵力攻防，防御时仅正面配备兵力，反方向仅以少数兵力防御的战法,因此他接令后,立即组织一部分兵力潜伏于敌一侧,一部分兵力向敌人正面攻击,将敌人注意力调动。此时又用山炮四门和炮弹200颗,打乱日军布阵,侧伏在两旁的军队冲上,一鼓作气地将占领刘庄之敌人全部消灭,五十二军阵地始得恢复。

经过两个多月的战斗,五十二军于5月上旬奉命将防务任务交友军接替,开赴徐州附近待命。在徐州会战中,由于戴安澜战功卓著,被擢升为八十九师副师长。在那个年代,黄埔三期的同学中如非殊勋是升不到副师长职位的。当戴安澜离开七十三旅时,写信给全旅官兵表示慰问,并引用太平天国名将石达开名言"忍令上国衣冠沦于夷狄,相率中原豪杰还我河山",以表示尽管大家分离了,不在一个部队,但是还是要和大家一起奋勇战斗,打击倭寇,将日本侵略者逐出中国的信心。

武汉大会战

徐州会战一结束,日本就把攻占武汉、广州作为其下一步侵华的战略目标。为此,1938年6月,日本组建了华中派遣军沿长江、淮河向武汉正面推进。由于当时中国中央政府的军事委员会设在武汉,是指挥全国抗日的最高统帅部,日本认为占领武汉将是对中国政府的致命一击,就可取得对华战争的胜利。因此,调动了大量的兵力,在长江南北两岸,沿江逆流而上,向武汉进犯。对此,中国军队遂以李宗仁为司令长官的第五战区,组成左翼兵团,防守长江以北地区;以陈诚为司令长官的第九战区防守长江以南地区。

进攻长江以南的日军以第九师团为主,他们集中兵力,屡屡攻破第九战区的防线,于1938年6月中旬占领了安庆,于7月下旬占领了九江。

这时,武汉的形势十分严峻,蒋介石决心与日军决战一场。

周恩来对此表示赞同，他在《新华日报》上发表文章指出，要动员、组织、武装民众实行内外线作战方针。保卫武汉的目的，主要在于给敌人以极大损伤，在万一不利的情况下，转移作战地区。这个战略思想得到最高统帅部的赞同。

为保卫武汉，戴安澜所在三十一集团军部分军队奉命南下，参加保卫武汉会战的外围战斗。戴安澜所在的部队的任务是要竭尽全力抗击日军，阻止或延缓其向武汉前进的速度。日本陆军的第九师团在日本陆军中以强悍著称，这支部队是进攻武汉的主力。他们在海、空军的配合下，采取沿江跳跃式的战术，以避免沿陆路前进要进入山岳地带与中国军队作战的不利情况。由于其前期进展相对顺利，因此这部分日寇气焰十分嚣张，骄锋甚盛。在这样的不利军事态势下，1938年8月，戴安澜所在部队赶赴战场和友军一起与日寇浴血奋战，顽强抵抗，拼力阻止日军沿瑞阳公路的进攻，予敌以重创。

在近三个月的战斗中，中国军队与日军战斗数十场，迫使日军每前进一步都要付出重大的代价，在开始的一个月中，平均每日仅前进两三公里。从九江推进至武汉近郊，日军第九师团曾补充九次之多。日军为打破中国军队的阻击，避免遭受重大损失，在战斗中多次违反国际法，悍然使用毒气，以此来瓦解中国军队的抵抗决心，削弱中国军队的战斗力。

在保卫武汉会战的外围战斗中，戴安澜因率部阻击日军西进，并消灭日军许多有生力量，战功卓著，汤恩伯在当年为他补记大功一次，不久，即于1939年1月升任第五军二〇〇师师长。

在这次保卫武汉的会战过程中，戴安澜在长江南岸瑞昌和阳新之间的一个小山村里，接受了《新华日报》著名战地记者陆诒先生的采访。在采访中，他扼要地介绍了前线的情况，战斗的形势，并热诚挽留陆诒先生当夜留在八十九师师部，给他详细地介绍后方的情况，以解除好久不能看到报纸而存于心中的悬念。

他们在谈到抗日战争时，戴安澜说："日本侵略我们，要占我领土，灭我民族，我们奋起反抗，我们打的是反侵略的正义战争，人民是拥护我们的，是愿做我们的后盾的。目前虽然日寇气焰还盛，但是已经处于被动的形势，最终胜利一定是属于我中华民族的。"戴安澜还说："这次国共合作，团结抗战是深得民心的。要争取胜利，必须坚持抗战、坚持团结，将来胜利以后要搞建设，仍然需要两党合作，民主建国。"这些谈话说明了戴安澜将军对抗战必胜的信心，反映出对中华民族繁荣富强的坚定信念，表现出他的高瞻远瞩和远见卓识的超凡品格。

铁血激战昆仑关

1938年6月，日军在进攻武汉的同时，又在华南发动了对广州的进攻，其目的是截断从国外经香港向中国输入物资的运输线，削弱中国抵抗力量。1938年10月下旬占领了广州。为了全面封锁中国沿海对外海的交通，日军又占领了海南岛。并攻占了汕头、潮州，完成了海上封锁中国的这一目的。为切断从桂林经南宁和镇南关进入法属印度支那（越南）的陆上国际交通线，1939年11月中旬，日军第五师团及台湾混成旅团，在飞机和舰艇的协同掩护下，先后在广西钦州湾登陆。15日攻陷防城，16日攻陷钦县，接着沿钦邕路进犯。这时，中国的主要兵力尚在湖北一带，桂南兵力空虚。日军在钦州登陆后，中国最高统帅部匆忙调动兵力，命令第五军星夜赶往桂南前线，南下迎击进犯日军。日军沿钦邕路一路进犯，11月23日强渡邕江，24日攻占南宁。当第五军二〇〇师25日赶至南宁以北时，日军已占领了南宁。二〇〇师先头部队六〇〇团在南宁以北的城郊二塘附近与日军遭遇，发生了激烈战斗。日军在飞机和强烈炮火的掩护下，向中国军队发动多次进攻,第六〇〇团在团长邵一之的指挥下,奋勇战斗,打退了敌人的一次又一次进攻。由于中国军队方面没有制空权,所以敌机十分猖狂,配合日军的炮兵对中国军队的阵地进行狂轰滥炸,俯冲扫射,中国军队伤亡很大。

第二日晨,日军在六〇〇团阵地两侧迂回,企图围而歼之。这时,戴安澜赶到,他将所率部队迅速布置,打击日军侧翼,支援六〇〇团,同时命令六〇〇团后撤,突出日军的包围圈,邵团长亲率部队向日军反击,激战中不幸中弹,但仍不肯退下火线,继续指挥部队作战,在与日寇肉搏战中,邵团长又身中一弹而壮烈牺牲。战斗中,团副吴其牺牲,副团长文模负伤,官兵死伤过半,六〇〇团剩余官兵在第一营营长吴大伟的率领下后撤集结,重新构筑阵地,阻止敌人的攻击。

激烈的战斗中,戴安澜的汽车也被炮弹击中,炸掉后面的轮子,所幸无人伤亡。这时二〇〇师主力分批到达,于南宁东北七塘、八塘间构筑阵地,掩护全军主力集结,并协同友军作战。二〇〇师在八塘附近与日军激战一周,给予日军狠狠打击,阻止了日军的北犯。后由于友军阵地被突破,为避免二〇〇师被围的危险,军部命令二〇〇师向北开赴北泗圩整理,一周后奉命由泗圩推进至下寨村,为军总预备队。后随第一线部队之进展,推进至思陇附近,占领阵地开始警戒,日军第五师团中村旅团也乘机侵占了昆仑关。我第五军在宾阳以北占领阵地,二军对峙,第一次南宁会战结束。

南宁被日军占领后,由桂林经南宁至镇南关一线的陆路被切断,为夺回这条补给线,必须收回南宁,而要攻克南宁,必定要攻占昆仑关,从当时敌我双方兵力的配备以及当时的战机来看,于中国军队都是有利时机,因此昆仑关的战斗是非常重要一役。

为防守昆仑关,日军以第五师团之中村旅团(附轻战车一部)

炮兵第五联队之部,骑兵第一中队占领653高地、600南端高地、罗塘南方高地、亘老毛岭之线防守,并沿山顶及棱线构筑铁丝网三层工事,异常坚固。其目的是保障其南宁的主力安全集结,并为以后进取作准备。

攻击昆仑关的主力部队是第五军,下辖二〇〇师、荣誉第一师、新二十二师。根据日军的布置,第五军经过周密考虑,制订了"关门打狗"的作战计划,杜聿明将军作战前动员,命令各部队运动到相应的位置,编织一张包围网,要力争全歼驻守在昆仑关的日寇守军。戴安澜的二〇〇师为沿宾邕路进击的主攻部队;郑洞国的荣一师为公路线外的主攻部队;廖耀湘的新二十二师为右翼攻击部队;二〇〇师副师长彭壁生率两个补充团组成支队为左翼攻击部队,第九十二师予以协助。命令下达后,各部按规定连夜秘密运动,迅速到达指定地点,完成了对日军的包围。当12月12日戴安澜率领本师到达攻击指定位置时,他对师部的部属们说:"中国古时候,有上元三鼓夺昆仑的佳话,吾拟元旦夺取昆仑关。"对未来战斗的胜利,充满了必胜的信心。

昆仑关,距南宁东北约50公里,位于南宁至宾阳的邕宾公路上,地势十分险要,易守难攻,是兵家必争的战略要地,历史上曾有北宋名将狄青于宋仁宗皇佑五年(1053年)上元之夜率师渡关,奇兵制敌,大败侬智高,平定广南,狄青因此而声名鹊起。这是中国历史上的一个真实故事。日军深知昆仑关的重要,因此特派号称"钢军"的中村十二旅团予以防守。

12月18日,第五军发起对昆仑关的攻击。荣一师首先从正面发起攻击,新二十二师向六塘攻击,彭支队侧击七塘、八塘。二〇〇师在思陇附近警戒待命。经过两日激战,荣一师攻占了653、600高地,但日军仍在昆仑关界首一带拼命抵抗,且不断向此增兵,荣一师经过两日激战,伤亡较大。军部命令二〇〇师接替荣一师右翼的增洛、云梯、653高地、600高地、镇阳、荔枝之防务，并要求于20日继续向昆仑关之敌进攻。

戴安澜接命令后，立即调整原有阵地部署，将五九八、五九九团阵地分别向南和东西延伸，填补荣一师原防守阵地；六〇〇团为预备队。经过一天的运动，部队部署完毕。20日黄昏，戴安澜命令五九八团攻击界首之敌，经过一小时的激战，占领了界首北端的高地，敌凭险固守。经过一夜战斗，战线无显著进展，但日军已感支撑不住。

此时，军部命令二〇〇师连续攻击负隅抵抗之敌，与此同时，左翼荣一师也在向枯桃岭猛攻。经过一天激战，战线向南推进，占领600以南高地和罗塘，五九九团与六〇〇团向界首附近之敌发起猛攻。经官兵反复冲锋，终占领界首东北高地，日军退守653高地所在山麓的几个小高地顽抗。当晚，师指挥所移至大球岭西端高地。从缴获敌人的文件中得知界首之敌是坂田部队（即四十二联队）。

22日，二〇〇师五九八团攻占了同兴以北高地，六〇〇团与同兴以东敌竟日激战，第五九九团仍继续扫荡固守界首之残敌。日军为挽救其败势，派出飞机十余架，向中国军队阵地轰炸。

日军在昆仑关地区，投下降落伞十九个，都是粮食弹药，作为补给。为防止敌人的增援，杜聿明将军要求全军继续包围攻击昆仑关敌军，并迅速占领阵地，命令二〇〇师一部确保653、600高地，以主力继续向昆仑关前进。戴安澜接令后，立即作出布置，以五九八团为右翼，六〇〇团为中央，五九九团为左翼，共同围攻昆仑关，还调战炮、山炮部队给予火力支援。

当晚8时，戴安澜命令发动全线总攻。由于地形险峻，日军倚托所修坚固工事顽抗，因此，战线向前推进缓慢，除同兴以北高地被攻占，653高地南侧的敌军被肃清外，界首及昆仑关之敌仍在顽抗。从日军丢弃的文件得知,界首之敌属四十二联队,同兴之敌属二十一联队。由于连续攻击,部队伤亡过重,军部命令二〇〇师即就现阵地调整部署,严密警戒,并坚固守备以防敌之袭击。

25日,经过休整后的二〇〇师又投入了攻击昆仑关的战斗。二〇〇师所属的三个团,在炮火的掩护下,按照师部命令,分别向同兴、界首之敌发动猛攻,同兴东北高地被强攻占领,部队向前突进,日军仍占据未丢失的据点,作垂死之抵抗,战斗到夜晚,各团与敌人相对峙。这一天的战斗,缴获敌人军马20余匹及大批武器。

在以后数日的战斗中,为了争夺每一个高地,中国军队与日军展开拼死搏斗。由于中国军队官兵异常奋勇,在重炮火的掩护下,逼近日军阵地,先破坏敌之铁丝网,继投以手榴弹,即与敌反复肉搏,一个一个据点为我们所夺。二〇〇师缴敌轻机枪六挺、手枪步枪30余支、军用品及文件多种。日军所占各个据点虽被我逐次占领,但仍在留下的数个据点中继续抵抗,企图等待增援。

日军为挽救颓势,不断用飞机轰炸中国军队阵地,向被困的日军投掷粮食弹药补给,由于战场狭窄,不少物资被中国军队所得。经过数日的激烈战斗,二〇〇师接近昆仑关,在攻击界首之敌时,荣一师郑庭笈团调至二〇〇师归戴安澜指挥,在师部的指挥下,郑庭笈英勇机智,在友邻部队的支援下,攻下界首据点,但是伤亡十分惨重。界首攻下后,昆仑关即暴露在中国军队的攻击目标内。这时,军部决定在二〇〇师已经取得胜利的基础上,不让日军有所喘息,命令作为预备队的新二十二师超越二〇〇师阵地围攻昆仑关,新二十二师于1939年12月31日攻占昆仑关,日军向九塘、八塘方面退却。

为阻止中国军队的进攻,日军于附近的441高地设防。军部命令荣一师攻占441高地,荣一师官兵奋不顾身,抢占了441高地的一部分,但处于南侧之敌,利用山地死角,向荣一师猛烈反攻,两军相持不下,致正面无法进展,战事陷于对峙状态。军部于1940年1月3日命令二〇〇师派兵由441高地南侧向上廖方向侧击敌人,给荣一师以支援,并最终占领441高地。

戴安澜接令后即调整五九九团与六〇〇团的防务,命令六〇〇团攻击441高地南侧,五九九团协助攻击,1月3日夜,经过猛烈攻击,困守在441高地的日军感到再无法坚守下去,向中国军队施放毒瓦斯,乘机向九塘方面撤退,六〇〇团占领441高地。日军无险可守,乃重整态势退八塘负隅顽抗。1月4日晨,戴安澜来到仙女山指挥所,对部僚们说,441高地为九塘重要据点,现在被我们占领了,克复九塘则不成问题。他在指挥所目击我军进展情形,尤为快慰!9时,友军占领九塘,戴安澜心潮起伏,遂口占七绝一首:

仙女山头树战旗,南来顽寇尽披靡;
等闲试向云端望,倩影翩翩舞绣衣。

日军为坚守八塘,在300高地设防,因此,攻占300高地就成为攻克八塘的关键之战。军部命令二〇〇师向南插进,攻占300高地。

1月8日上午,二〇〇师开始向300高地进攻,在炮兵有效射击后,步兵随即跟上,发动攻击,日军阵地开始动摇,此时,敌机前来对进攻部队狂轰滥炸,使得攻击陷于停滞。下午,我军在炮火支援下,再度发起向300高地攻击,中国官兵英勇异常,虽伤亡颇大,但是一举攻占了300高地。

由于300高地对八塘防守极具威胁,日军连夜又组织反击重新占领300高地。我军接着组织力量夜袭,努力恢复300高地,但未能成功。为夺回高地,戴安澜亲向各部队长官询问作战方案,并派参谋到实地侦察,准备次日协同友军进攻。日军为守住300高地,除不断向300高地增兵,并调集炮兵向二〇〇师攻击部队进行集中炮火攻击,虽经五九八团多次进攻,由于日军顽固抵抗,300高地未能全部恢复。

1月11日下午1时,为压制中国军队炮兵对日军300高地的火力射击,日军炮兵向我炮兵指挥所发射炮弹百余发。戴安澜亲到炮兵指挥所指挥射击,经过观察,他发现敌炮阵地,指示炮兵营连长,用火力压制。但发弹后,敌炮依然猖獗,戴安澜亲自手握剪形望远镜标定敌炮位置,指挥还击。3时10分,敌炮弹在戴安澜附近爆炸,一弹片穿入戴安澜的左背,在弹片的压力下,几乎使他跌倒,但他仍手持望远镜继续指挥我军炮兵还击。

杜聿明军长得知戴安澜受伤的消息后,要他立即到医院治疗。戴安澜由于流血过多,难以支撑,遂召集师部的部属,将事务部署好;当夜11时由战场送住柳州野战医院急救。

由于第五军连续四十余日战斗,伤亡较大,需要补充休整,统帅部于11日晚8时命令将阵地交由一〇一军接替,12日午前完成交接,到达指定地点整理。这样,二〇〇师参加昆仑关战役于此时结束。

昆仑关战役,消灭了日军中村旅团,击毙了日军旅团长中村正雄少将以及大批军官,在中国抗日战争史上是最为壮观的战斗之一。在战斗中,二〇〇师战绩突出,各报记者在国内外刊物上报道了大量作战经过,赞扬戴安澜是狄青将军再现,日本东京的报刊、广播也认为此战为开战以来最为壮烈的战斗。

为表彰戴安澜在昆仑关战役中指挥有方、英勇战斗的业绩,国民政府授予他青天白日勋章一枚(又说宝鼎勋章一枚),并赞扬戴安澜为"当代标准青年将领"。

第四章
远征缅甸　扬我国威

日本帝国主义在侵略中华大地的同时,为了扩张其在亚洲的势力,争夺美英在这个地区的利益,提出要在亚洲和太平洋建立以日本为核心的大东亚共荣圈,建设大东亚的新秩序。英国为了保住其在印缅的利益,又不想和日本直接发生冲突,为了取悦日本,竟不顾中国的利益,曾于1940年7月17日与日本签订协议,关闭滇缅公路三个月,使得抗战所需的战略物资无法运输,中国战场受害匪浅。

战前准备

日本对英国的软弱退让并不领情,签订协议只是策略上的需要,是外交的一种手段。英国人也感到日本人的承诺不可靠,于是又酝酿建立中英军事同盟,以借助中国人民抗日的力量来帮助其在缅印马进行军事防御。1941年春,英国邀请"中国缅印马军事考察团"到缅甸、印度、马来西亚作军事考察。

美国对于日本建立大东亚共荣圈也十分不满,日本多次派出外交代表与美国进行谈判,让美国同意其大东亚共荣圈的计划,但都遭到美国的抵制和反对。为此,日本上层认为,要达到称霸大东亚的目的,就不可避免地要对美国发动一场战争。

经过精心策划和充分准备,1941年12月7日,在山本

第四章 远征缅甸 扬我国威

五十六的指挥下,日本海、空军偷袭了美军在夏威夷的珍珠港海军基地以及美、英、荷在太平洋的属地,对美、英宣战,太平洋战争爆发。接着,日本军队先后攻击了美国西太平洋的海军航空基地关岛和威克岛,随后占领香港、泰国、马来西亚、新加坡、印尼以及菲律宾。12月8日,美、英、荷对日宣战,12月9日,中国政府正式对日宣战,同时对德、意宣战;12月11日,德、意、日签订了《联合作战协定》,表示共同作战,不与美、英媾和;12月23日,中、美、英三国代表在重庆召开东亚军事会议,商讨如日军侵入缅甸,中国和英国派军队入缅参战,中国和英国共同签订了《中英共同防御滇缅路协定》,成立军事同盟;1942年1月1日,以美、英、苏、中四国为发起国,有26个国家签署的《联合国家宣言》发表,支持与德、意、日交战的国家,并保证不与德、意、日缔约。

太平洋战争爆发,形成了一方以德、意、日为联盟的妄图霸占、掠夺世界的法西斯集团;另一方是反对德、意、日法西斯的世界爱好和平、民主、进步力量的反法西斯阵营,中国理所当然成为这个阵营的主要一员,历时四年半、曾是中国独立抵挡日寇的抗日战场,现在已经成为世界反法西斯总战场一个组成部分。罗斯福总统于1941年12月31日致电蒋介石,提议成立中国战区(包括越南、泰国),并提议蒋介石担任统帅。1942年1月2日,蒋介石复电同意,并要求美国军官来华参加联合参谋部。后经协商,1942年1月决定派史迪威中将来华担任美国驻华军事代表,驻中国战区和缅甸、印度美军司令官,并兼任蒋介石的参谋长。

中国远征军入缅作战由于英方的反反复复,时间一再推迟,贻误了战机。中国军队第一次被动员入缅是1941年12月11日,蒋介石令第六军九十三师开赴车里,四十九师以一个加强团开赴畹町归英缅军总司令胡敦指挥,准备开赴景东。16日,蒋介石令第五军、第六军动员入缅,协同英军作战。当第五军先头部队到达保山附近时，于12月26日又因英方指示暂不入缅而中止。第二次动员是1942年2月1日，蒋介石令第六军集中于芒市、遮放、龙陵，等候英方派车接运入缅。第三次动员是1942年2月16日，英方代表报告仰光情况紧急，请速派第五军入缅，后又中止。1942年3月2日，英方再次要求第五军入缅。

二〇〇师在接到入缅动员令后，戴安澜表示，一定要痛击倭寇，扬威海外。1942年元旦前，二〇〇师到达保山，等候入缅的命令。开始，师部驻在保山城，而各团驻扎在保山附近的村庄。为使司令部的官长能与各战斗部队官兵一致，加强联系，保证部队的训练，确保部队的战斗力，元旦一过，戴安澜决定将司令部迁往保山城外的板桥镇。

六〇〇团的驻地是金鸡村，当年曾是诸葛武侯点将台，戴安澜在军事训练之余，专程到金鸡村拜谒武侯点将台，游览此地，不禁思绪低回，想到今已抗战四年多尚不能打败日寇，真愧对武侯。他对随行的部属们说，武侯是穷不馁志、富不淫心、危不乱计、忠不怀私的先古圣贤，这次远征要学习武侯的这些品格，完成战斗任务。

在保山期间，戴安澜加紧军队训练，加强纪律教育，组织军官队集训。在军官学习毕业时，他对大家说："人生如运动，运动场上决无不公平之事实，亦决无侥幸之成功，凡能表现身手者，均有其特长表现。我们与其临渊羡鱼，不如退而结网，从充实自己着手，此为成功之大道也。"鼓励军官们在提高自身的素质上下功夫。

新年期间，慰劳团到部队慰问，戴安澜率师部及各团长对慰劳团的到来表示热烈地欢迎，并亲自陪同他们到各部队去慰问。在多次感谢慰劳团慰问的讲话中，戴安澜一再表示："自顾失地不收，而受慰劳，异常惭愧！"表示决心要在新的一年里，全师上下，努力训练,英勇作战,消灭日寇,以报国人之恩典。

挥师入缅

1942年2月,日军以三十二、五十五、十八三个师团,分三路侵犯缅甸。三十二师团从西路沿伊洛瓦底江而上;十八师团从东路沿萨尔温北上;五十五师团从中路沿仰曼(仰光至曼德勒)铁路线而上。此时,英国在缅甸的军队仅有以胡敦为总司令的英缅军第一军团,下辖英缅军第一师和英印军第十七师及数量不多的英驻缅空军的部队。这些部队多在普罗美、景乐、毛奇,离战场都较远。针对这一情势,英军提出要中国军队予以支援,但却让中国军队在边境待命。

到2月底,英方见日寇的攻击日甚,不得不请求中国军队入缅,但为时已晚,丧失了战机,但是中国还是以第五军、第六军和第六十六军编成远征军,由罗卓英任司令长官,杜聿明任副司令长官。并与英方商定:西路之敌由英军抵挡,东路之敌由中国第六军抵挡,中路之敌由中国第五军抵挡。中路第五军既要抵御正面之敌,又要策应东西两路,因而任务最为艰巨。

3月1日夜,戴安澜接英方电话,英方告诉他,中国战区的最高统帅蒋介石已经到了腊戌,要召见戴安澜,请迅速赶往。而此时正值戴安澜的恩师叔祖父戴端甫先生仙逝,心中极为悲痛,他因公务在身,强忍悲痛,星夜向腊戌奔驰。次日黎明到达。稍事休息,戴安澜见参谋团的林蔚次长,在谈到这次入缅的军事行动时,林蔚次长问及他的意见,戴安澜说:"部队出国必须计出万全,不可草率从事。"林次长表示有同样的看法。稍后戴安澜随林次长等参谋团成员去晋谒蒋介石,他们在外室等候片刻,蒋介石徐步而出,他首先问日军的情况、战场的动态,听完回答以后,又问戴安澜二○○师现在何处?戴安澜答:部队现已在遮放。

蒋介石对他说："你今日先开一团到腊戌，其余待命。"戴安澜听后，意识到远征即将开始。

接见结束后，戴安澜即打电话回师部，要部队立即做好出发前的一切准备工作，命令五九八团作为先头部队于当日下午出发。电话打完后，戴安澜找到参谋团及英方的联络员，要求英方立即将运送五九八团的汽车开到遮放运送部队到腊戌。

当晚蒋介石又召见戴安澜详细地询问了二〇〇师的情况，戴安澜一一作了回答。最后，指示戴安澜，除今日先开一团到腊戌，接下来每日开一团，到平满纳、同古，占领阵地，抵御日军北上。并对戴安澜说，明早等杜聿明军长到，开会详细研究入缅作战事宜。

3月3日上午9时，戴安澜随参谋团成员到蒋介石驻地开会，到达时，适逢蒋介石送英国驻缅甸总督代表下楼，见济济一堂的中国官员，总督代表即席致词，感谢中国军队入缅帮助英军抗击日军，等等。作为第一批入缅的中国军队在场指挥官，戴安澜受命致答词，他用十分简短的话语说，我们来是打倒我们共同的敌人，一定要各尽其力。希望今后合作顺利、愉快。

送走总督代表后，蒋介石召戴安澜上楼问话，治军、治身都一一问到，戴安澜悉数作了详细说明。由于等待杜聿明将军的到来，会议延至下午5时才举行，饭后继续至10时。

会议结束，戴安澜立即按照会议的要求部署，指示二〇〇师的行军事宜。深夜11时，蒋介石又召见戴安澜，戴安澜立即前往，蒋介石简单地问了一下戴安澜对今天会议决定实施的打算以后，对二〇〇师先期入缅作了三条指示：一是中国军队入缅作战，这里森林极多，与国内不同，要针对这一情况研究战术对策；二是部队要尽快赶到仰光，目前英军正在抵抗，中国军队赶赴仰光一方面要协助英军防务，另一方面要把前些时期羁压在仰光的军用物资赶运回国；三是要尽力解救正处在危险境地的英国军队。蒋介石问戴安澜对这些任务清楚不清楚，能不能完成。戴安澜回答，一定全力以赴地来完成委座交给的任务，虽死而不惜。

一天之内，蒋介石在腊戌开会，三次召见戴安澜，问情况，交代任务，说明要保住滇缅公路这条运输线在其心中的重要性，另一方面也表明他期望戴安澜能够完成他的计划。戴安澜对所负责任之艰巨也有了充分的认识，决心努力完成这次作战任务。

3月4日早起，戴安澜看到杜聿明军长未戴军帽，头上缠着绷带，就问军长是怎么一回事，杜聿明说是接到委座在腊戌要开会的电话，车子一路上飞驰，进入缅甸，正遇上运送兵员的汽车车队，路窄车多，在超最后一辆车子时，前面的军车与对面急驶来的一辆缅甸卡车擦身而过，军车上第五军的军旗被缅甸卡车撞断，杜的座车与迎面来的卡车相撞，紧急刹车时，杜聿明因惯性从前座撞碎玻璃，上身冲出窗外，额上被玻璃划破多处。杜军长说："好在伤势不很重，包扎一下就行了，我命令把那辆卡车的驾驶员抓起来，送军法处好好审查一下，是不是日本人的奸细。这么一耽误，昨天就迟到了。真是出师不利！但是昨天下午我对委座只是说路上车阻，遇到了一些小问题而已。"说完之后，杜聿明就和戴安澜一起，对到同古作战的事宜进行研究，对部署部队的多少作出决定。

上午，由遮放运送到腊戌的二〇〇师官兵前锋部队已经到达，后续部队正源源赶来。戴安澜对先期到达的官长提出要把部队安置休息好，并对他们指示了下一步的作战命令。安排妥当后，即带领师部的参谋人员由腊戌向梅苗行进。沿途见山峦重叠，在这深山林密处最易藏奸。此时，他对昨晚蒋介石指示要研究森林作战法，深感重要。一路上戴安澜想到历史上武侯南征的事迹，不禁心潮起伏，作七绝两首，向随从吟诵。其一云：

>万里旌旗耀眼开,王师出境岛夷摧,
>扬鞭遥指花如许,诸葛前身今又来。

戴安澜对随从人员解释诗中的第三句的意思是,缅人传说,武侯南征北返时,缅人挽留,武侯安慰这些人说,我还要重来。缅人询问重来之期,武侯指缅甸国中不开花的草说,此草开花,我重来矣。自武侯回国后,迄今所指之草,并未开花。去年此草忽然开花,我想缅甸人也应知王师到达了。说罢,大家欢畅大笑。其二云:

>策马奔车走八荒,远征功业迈秦皇,
>澄清宇宙安黎庶,先挽长弓射夕阳。

一路上,大家欢声笑语,不时停下来察看地形,在地图上标出部队即将行进的路线,考虑即将到来的战斗。傍晚到达梅苗后,戴安澜被英方安排住宿在一英国人家中。吃过晚饭,戴安澜独自一人外出散步沉思,不知不觉走得很远,由于路途不熟悉,迷路而不得归。他到另一英国人家问路,当这名英国人得知是中国远征军,亲自驾车送他回住所。戴安澜除感到英国人十分注重礼貌外,深为中国军队由于祖国之威对在缅的英人有重大影响而感到自豪。

3月5日,戴安澜见二〇〇师先头部队已达平满纳,即由梅苗到平满纳。沿途看到民众逃亡,景况十分凄惨,他心中十分忧虑。到达平满纳,他即召当地华侨领袖及印缅首脑开会,了解平满纳的政治、经济及当地防务情况。当他听到二〇〇师有少数士兵,因见当地人逃亡在外,就擅自取用百姓家里物品的事情,在当地影响很不好,引起民众愤怒,便当场向反映这些情况的侨界

第四章 远征缅甸 扬我国威

领袖及印缅首脑表示歉意,并要下属认真查处。

待这些客人走后,戴安澜召集政治部的政工人员开会,指出这一问题的严重性,他说,万里长征艰辛,而纪律不整,其贻祸之深,岂可言喻。指示大家一定要做好工作,对于少数违纪的士兵,非重处不可,否则不足以正军纪!同时要求部队对所到之处的华侨要予以特别的爱护,对华侨撤退,要积极给予帮助。

二〇〇师的官兵认真执行戴安澜的这一命令,华侨为此受益匪浅。当戴安澜将军英勇殉国,在昆明举行公祭时,海外归国侨胞,对将军在缅时对缅侨撤退,维护协助,关怀备至,都记忆犹新,留昆全体侨胞为表示对戴故师长崇敬之情,自动约定在洪化桥中央海外部办事处,集合千人,前往拓东路运动场停榇处致祭,沿途许多华侨自动参加祭悼的行列,并给戴故师长送去挽联:

　　　　四海扬威,出师未捷身先死;
　　　　万方多难,英才遽折天下哀。

这首挽联充分体现了华侨对戴故师长之诚情。华侨界首领陈家庚也给戴故师长送去挽联。这些都是后话。

3月6日,戴安澜率师部的部属到同古,与英军第一师师长斯考特见面,讨论二〇〇师到同古与英军共同布阵的问题。离开梅苗时,杜军长交代戴安澜,二〇〇师到同古的任务是策应英军作战,掩护第五军主力集中。当与斯考特讨论时,戴安澜就感到十分困难。因为在问及敌情时,斯考特及其助手只是摇头,表示什么都不知道;问起曾与日军交过火的第一师,日军的战法有什么特点,斯考特及其助手们也只是摇头,还是什么都不知道;问起同古防守阵地的安排及进一步打算,英方也是说得支支吾吾、含含糊糊,这使他感到十分苦恼,戴安澜在英军的陪同下,查看

63

了英军现有的防务工事,其情况之差,令他吃惊。从与英军会晤交谈到现场查看实况,戴安澜已经清醒地意识到,今后与日军的作战,英军是依赖不得的,非我国军队负起全责不可!

五九九团、六〇〇团于八日到达同古,十日第五九八团及师直属部队完全推进至同古集结。戴安澜白天率团、营长在同古侦察阵地,选择指挥所及预备队位置,晚上有时与团营长研究阵地配备,有时与英方会谈。随着部队的陆续到达,各级部队先后进入指定的位置开始修筑工事。

同古是一块平地,东有色当河,南有皮尤河,防守起来没有起伏的地形可以利用,一切工事都需要在平地构筑。为了有效地抵御日军攻击,工事必须构筑为半地下的,要求十分坚固,因此工作量很大。

戴安澜每天到各处检查、督促构筑工事速度,了解工事构筑的情况,向官兵们讲话动员,抽查部队的军纪,还要与幕僚们研究作战方案。在这些紧张工作中,不时有侨胞来反映英兵抢劫他们的手表,对侨胞的体罚、侮辱罚跪之事,戴安澜听了之后,极为气愤,有时连夜与英方交涉,追查肇事者,并要求以后不再发生类似的事件。

3月8日,英国政府任命亚历山大替代胡敦为英军总司令,胡敦为参谋长。亚历山大一上任,就命令英军放弃仰光,日军占领了补充中国战略物资运输线滇缅公路的桥头堡,形势发生了突变,同古就成了两军将要争夺的焦点。

亚历山大3月12日夜到达同古,第二天上午又在英军和戴安澜的陪同下在同古巡视阵地,中午即乘飞机离去。对亚历山大来同古的意图,戴安澜难以捉摸,而杜聿明军长又未到,下一步如何,他心中无数。二〇〇师远离芒市主力970余公里,第六军最近一个团离二〇〇师也有160公里,态势紧张,而又不决心作战,他心中至为挂念。

仰光失守后,16日起,日军开始对同古连日轰炸,英军的空军基地在马格威,日军完全掌握了制空权。其间,参谋团传送不准确的情报,使得在同古的二〇〇师整夜忙碌,戴安澜深为气恼。3月17日午后,杜聿明军长到同古,而在此时,英军通报戴安澜,其第一师将于当夜撤走。在一切部署尚未完成、攻守大计尚未决定之际,英军这一招,使他深感为难,杜军长在戴安澜的陪同下,巡视阵地,看到同古城内炸得疮痍满目,而英军不与我军合作,还要在我军部署尚未完成前就要撤走,孤军在此,今后二〇〇师的压力将是巨大的。

此时,二人的心情都十分沉重。夜晚,两人在一起对二〇〇师下一步的行动作了详细的研究。

送走杜军长后,深夜,戴安澜赶到皮尤河视察,指示骑兵团,英军撤出后,接管英军阵地,以阻滞敌军前进。

同古固守战

3月18日,英军完全撤退至皮尤河以北,阵地由骑兵团接防,与日军开始作战。当夜,敌人进行偷袭,被骑兵团击退,此时师部命令工兵团将皮尤河上的铁路、公路桥炸坏。

3月19日,敌我双方在皮尤河两岸对峙。白天,日军数次来攻,均被击退,不能得逞。经过交战,判明敌先头部队约六七百人,并附有炮二三门及装甲车数辆,在战斗中被我军击毁一辆。日军见正面强攻不下,于当夜9时左右,大部队从皮尤河下游渡河,迂回至该团后方,骑兵团发现这一情况后,即于午夜12时,向北撤退到良赤道克附近,继续阻止敌人前进。

3月22日黎明,日军先头部队的大部分兵力沿公路北上,进犯良赤道克,其先头部队气焰嚣张,不可一世。我前哨部队

65

五九八团第一连中尉排长王若坤,率部队在公路两侧隐蔽,当日军进入伏击区内,他与全排战士猛烈开火,予敌人以出其不意的打击,敌军伤亡惨重。余下的日寇向后逃窜,王若坤跳出战壕,向逃跑的日军射击,又打死日军官兵数人,其中中、少尉各一人,在军官的尸体上搜出日军作战部署图以及手枪、望远镜等战利品。

对于王排长的英勇事迹,戴安澜十分高兴,给予嘉奖。从缴获的日军文件证实,二〇〇师将要迎战之敌是五十五师团,其司令官为饭田祥二郎。这一前哨战,是日军侵缅后的第一次重大损失。

原来称中国军队为"草鞋兵"的英军以后见到中国军队,不再是傲气十足,而是竖起大拇指,称赞中国军队"打得好"。日军先头部队遭此打击,其后续部队仍猛烈攻击骑兵团,被我军极力阻击,日军不得前进。傍晚,日军又以骑兵及便衣队袭击,扰乱我军阵地,但都未能得逞。

3月21日凌晨3时,戴安澜接周朗营长电话报告良赤道克一路被敌截断,戴安澜令该营迅速移至开维布维。周营长得令后,迅速转移至开维布维。但是第二连连长王志夫率领的一排尚无下落,戴安澜十分焦急,他知道王连长为一壮士,如有牺牲,诚为可惜。

跟踪来的日军以重炮二门,向周营猛攻,分从两翼压迫,该营伤亡较重,两翼稍向后撤,但仍坚守阵地,坚决抵抗。下午2时至4时战斗最为激烈。夜晚,日军潜行迂回开维布维后方,企图包围周营,这时,戴安澜因该营阻击日军的任务已完成,命周营向依索方向撤退,相机威胁敌之左侧背。

经过整日战斗,戴安澜已经发现日军兵力已增至一团,并配备重武器,他感到大战已临眉睫。他把情况向上反映,但得到的回答是要死守孤城,下一步如何,仍然是大计未定。援军不至,为了恪尽职守,戴安澜准备战死同古,他脸色严肃,在狭小的指挥所内来回踱步。突然他停下脚步，拿起电话机给各团团长打电话，在电话里，他表明了与阵地共存亡的决心，并向各团长说，他将立遗嘱，希望各级都要有战死的准备。说完放下电话，他就坐在小桌前写下给妻子和军中至交的两篇遗嘱：

致荷馨夫人　　　　　　　三十一年三月二十二日

亲爱的荷馨：

　　余此次奉命固守同古，因上面大计未定，其后方联络过远，敌人行动又快，现在孤军奋斗，决以全部牺牲，以报国家养育！为国战死，事极光荣。所念者，老母外出，未能侍奉。端公仙逝，未及送葬。你们母子今后生活，当更痛苦。但东、靖、澄、篱四儿，俱极聪俊，将来必有大成。你只苦得几年，即可有出头之日矣，勿望以我为念，我要部署杀敌，时间太忙，望你自重！并爱护诸儿，侍奉老母！老父在皖，可不必呈闻。于此即颂

　　　　心安

　　　　　　　　　　安澜手启

　　生活费用，可与志川、子模、尔奎三人洽取，因为他们经手，我亦不知，想必他们必能本诸良心，以不负我也。又及。

致子模、志川、尔奎　　　　三十一年三月二十二日

子模、志川、尔奎三位同鉴：

　　余此次远征缅甸，因主力距离过远。敌人行动又快，余决以一死，以报国家！我们或为姻戚，或为同僚，

相处多年,肝胆相照,而生活费用,均由诸兄经手。余如战死之后,妻子精神生活,已极痛苦,物质生活更断来源。望兄等为我善筹善后,人生相知,贵相知心,想诸兄不负我也。手此即颂勋安

安澜手启

写完之后,戴安澜将信与日记本装入他使用的作战皮包之中,他因决心战死,所以连一生养成记日记的习惯也停了下来。

3月22日拂晓,日军以步兵一大队,配炮三四门进攻阿克春前线阵地,守备该处的部队为六〇〇团第一营,营长吴志坚,团副赵立斌随营战斗。日军以炮火掩护支援步兵攻击左翼,并以骑兵向左翼迂回,我军左翼不支,迅速以预备队施行逆袭,得以恢复原阵地。战至黄昏,敌仍继续猛攻,我守军发挥最大火力,敌死伤累累,毫无进展,彻夜相持。

3月23日晨,日军又发动攻击,仍企图左翼突破,在激烈的战斗中,我军全营官兵沉着固守,敌人无法前进。战斗至下午4时,敌见正面不得逞,又以步兵一中队及骑兵数十名,向阵地右翼攻击,企图截断我军实施包围。我军全营官兵在吴营长的带领下,凭借坚固工事,四周发扬火力,打退了敌人的多次进攻,坚守住阵地。入夜,敌我双方仍在激战,使日军不得前进一步。两日激战,我以一营防守日军一大队的攻击,迟滞敌军的前进,并消灭了大量的敌人。3月24日撤回同古城内参加主战斗。

敌在阿克春向我军攻击的同时,日军又向坛台宾前线阵地进行攻击,被我军猛烈炮火击退,3月24日拂晓,日军在我阵地前要强渡色当河,我两岸守军交叉火力甚猛,敌不得不又退回原岸。这时日军一部由阿克春沿色当河北岸进攻,我军处于两面受敌的状况,经及时调整,抵御住了两个方向日军进攻。当晚这部

第四章　远征缅甸　扬我国威

分守军撤回到同古城中。

经过几天的战斗，日军见二〇〇师在同古城南方防守坚固，于是组织步、骑、炮连合一的纵队1000多人，利用夜晚，自同古西侧山地森林潜行运动。3月24日拂晓，进出于康道火车站及飞机场附近，向同古我军阵地猛攻。由于日军来势凶猛，我军节节后退至南松宾师指挥所附近。

康道被日军占领，二〇〇师后方主要联络线被切断，戴安澜看此情形，决心紧缩兵力，固守同古。他召集团营长会议，指出二〇〇师现在孤军奋战，为保存实力，防御的阵线不能过长，各部队要能够在短距离上相互支援。由于城南、城北、城西都有日军攻击的部队，东面就成了二〇〇师对外联络的唯一通道，也是后退的唯一出路，而同古城东是色当河，保持这个通道畅通就十分重要。

根据这个情况，戴安澜提出五九八团撤至同古城北，占领现设阵地，担任该方面的守备，五九九团一部占领同古城南附近高地，与城内部队相互联系。又令23日赶到的军队补充第一团（欠一营一连兵力）撤至色当河东岸，与城内部队相互联系，向北占领阵地，掩护同古城之右侧背。师战斗指挥所转移至色当河东岸之英登冈，师部人员转移于色当河东，城内的战斗指挥由五九八团步兵指挥官郑庭笈负责。对于这次部署，戴安澜征询大家意见，团营长都表示赞同，决心与同古共存亡，戴安澜随即宣布他阵亡后，以副师长为代理指挥，要求各团、营、连、排、班均照此办理。会后，各部队依上述之处置进入指定位置完毕，官兵们加紧做好战斗前的准备。

3月25日拂晓，日军开始攻击康邦江北岸警戒阵地，约激战两小时，由于江上铁路、公路桥已经破坏，敌人未能进展。至晚，敌渐渐活跃，全线均以便衣队到处骚扰、攻击，中国军队沉着应付,每次骚扰都被打退,一切迹象表明,日军对同古城的攻击正在准备之中。

晚10时,六〇〇团守备地区的城西北,被敌大部便衣队潜入,继之约一大队之敌,由该处袭击突入。该地本来就兵力不足,守备较薄弱,戴安澜即令预备队反击,肉搏数次,激战惨烈。然敌利用房舍庙宇及墓地周围围墙顽固抵抗,双方伤亡均大,而此时日军继续增援,得以巩固已经占领的阵地。

戴安澜为下一步作战的便利,命令六〇〇团于当夜撤至五九八与五九九团中央地区,三团均背靠色当河,分北西南三面作战,师部及军补充一团在东岸一方面是策应,一方面是确保东面的通道。这时,中国军队与日军分据同古城各半,态势虽然险恶,然二〇〇师上下一心,坚毅死守之精神得以发扬,决心不负最高统帅部的期许。

3月26日拂晓,部署调整完毕,整个情势逐渐稳定。日军乘其余势,白天向六〇〇团正面冲击,但我全团官兵英勇反击,阵地坚守不动。日军见久攻不下,乃转向五九九团正面大举进攻,由于该团官兵准备周到,利用工事,沉着应战,发挥最大威力,日军惨遭损失,攻击受挫,未敢再进。黄昏后,全线枪声更趋激烈,五九八团附近敌人特别活跃,欲再行夜袭,然未能得逞,结果死伤大半。一天一夜激战后,敌伤亡数倍于我。

进攻同古的日军屡遭二〇〇师顽强的抵抗而不得前进一步时,他们又采取了更为卑鄙的手段。日军把在过去诸战役中俘虏的中国士兵集中到同古战场,组成日军步兵组,而班长及轻机枪手都是日本兵。在向中国军队的阵地攻击时,日军让这些被俘的中国士兵冲在第一线,并要他们高呼:枪向上,莫打自己人!这些被俘士兵中以山东、江苏、浙江及东北籍为众。二〇〇师守军见这一情况立即用火力压制敌人前进,并向师部报告一这情况,戴安澜接到报告后,稍事考虑,指示我守军也向这些士兵喊话:放下武器就地卧倒。然后轻重武器向敌后续部队射击,压制敌人的攻击与前进。采取这样的对策后,不少被俘的中国士兵又乘机跑回到二〇〇师的阵地上来。

日军为刺探二〇〇师在同古城的布署,他们将在南宁战斗中负伤被俘的二〇〇师五九八团19名士兵,送到台湾训练后,这次参加日军对中国军队的战斗,任务是专门到二〇〇师阵地和后方刺探军情。戴安澜在检查阵地布防时认出了一名参敌作战的士兵,立即将其逮捕,经过审问,这名士兵交代了日军的图谋,并将其他人员也供出,粉碎了日军的阴谋。

3月27日黎明后,日军步兵攻击稍有停顿,而空军则大肆空袭,协助地面战斗,不时以飞机20余架沿色当河西岸轮流轰炸,我军阵地中、左两地区稍有损失,日军欲利用飞机轰炸为地面部队作掩护,以夺取中国军队的阵地,但未能得逞。

战斗中,在南面守卫的中国军队曾一度出击,毙敌数十名,将日军一度压赶至康邦江岸。这时,二〇〇师弹药渐告缺乏,戴安澜命令各部相机处置。

3月28日,这是与日军战斗后第11天,敌人处于优势,对无一机一炮协助的二〇〇师,进行更猛烈的进攻。全师官兵在坚固的阵地上殊死搏斗,全线稳定,无异常变化。当晚8时,日寇步、骑、炮兵千余名,由同古城南渡色当河向师指挥所攻击,企图截断二〇〇师唯一联络线,从四面包围同古。当夜,日军接近师指挥所,并发动攻击,这时城内战斗正酣,戴安澜手提冲锋枪,立即将师指挥所所有人员组织起来抵抗,同时立即调动到色当河东岸、为确保联络线畅通的五九八团第三营及军补充团一部与敌抗击。部队布置就绪,已是3月29日拂晓,日寇全力向师指挥所猛攻,炮声隆隆,与城内杀声互为呼应。此时,敌我双方都情绪紧张,力争最后之胜利。

戴安澜命令五九八团第三营,以一连侧击敌背,敌受重创,战线无法向我军推进。他随即将部队相对集中于几个战略要点,压制日军攻击,在战斗激烈时,他亲自在第一线用机枪扫射进攻的日寇。下午2时,敌机协助地面战斗,以机枪扫射我军阵地。双方激战,伤亡均惨重,我军坚强抵抗至深夜。

在师指挥所激烈战斗的同时,城内敌人步、炮、空联合攻击我军未曾间断,各团陷入四面受敌的状态,战火纷飞,形势险恶,戴安澜命令各团紧守阵地,不要管师指挥所,他一定全力歼灭来犯之敌,确保二〇〇师这一条唯一的联络线及退路。尽管弹药缺乏、军部补充未能及时接济,日军的后援又源源不断,形势险峻,然二〇〇师全体官兵情绪安定,努力执行其当前任务,阵地稳如泰山,敌无可奈何。平日二〇〇师内极其注重教育训练,此时大显成效。这也是敌人南进以来所遇最强劲之对手,非当初敌人所预料的那样不堪一击。

3月29日夜,戴安澜接杜聿明的命令,他已派出新二十二师增援,要二〇〇师撤出同古城。接令后,戴安澜命令步兵指挥官郑庭笈及各团团长,组织好撤退安排,要把伤兵都带走,他亲自到色当河边指挥守城部队撤退,虽然四面枪声不绝,然全师秩序井然,在敌人包围中得以安全撤退。

当他见到郑庭笈时,二人紧紧握手,很长时间,没有说一句话,但是一切都包含在这两双紧握的双手之中了。戴安澜告诉郑庭笈,二〇〇师后方补给已中断,如再继续支持,则在仰光登陆的日军五十六师团必将参加同古围歼战,不撤退,二〇〇师有全军覆灭的危险。30日部队到卡温江,31日到达三街衙整顿,直到4月1日整顿完毕。而支援二〇〇师的新二十二师被敌阻于南阳附近,未能按预定计划进展,围歼同古之敌,同古战役,遂告结束。戴安澜十分遗憾地说,由于援军不到,本可打胜仗的,而转为败仗了。

同古一战,消灭敌军5000多人,以一比五赢得这场战斗的巨大战绩。在日军大佐横田尸身所遗之日记上,这样记载着:"南进以来,从未遭受若是之劲旅,劲敌为谁,即支那军也。"日本防卫厅在战后编纂的军事回忆录中有这么一段话:"同古攻击战历经十天结束,师团于三十日占领了同古,正面守军为重庆二〇〇师。该部队自始至终战斗意志旺盛,特别是其退却收容部队,固守阵地,抵抗直至最终。虽是敌军,但令人佩服!自司令官饭田中将以下各将军无不赞叹其勇气。"日本首相东条在议会承认同古一役为旅顺攻城以来未有之苦战。

英国路透社重庆分社的特约驻缅随中国远征军记者乐恕人和伦敦《泰晤士报》记者白德恩,在同古战役之后,采访了戴安澜及有关指挥官,记者们对戴安澜的沉着冷静、指挥若定和二〇〇师官兵的英勇战斗、不怕牺牲的精神和取得的显赫战功,予以高度的评价。《泰晤士报》发表文章,对中国远征军英勇作战,保卫同古,极为赞扬,文章说:同古之命运如何,姑可不论,但被围守军,以寡敌众与其英勇作战之经过,实使中国军队之光荣簿中增一新页。英方各界对于华军敢死,像以手榴弹消灭敌坦克车之壮举,以及华军射击敌人之准确,无不同声赞扬。

在美国军方的史料中这样记载着:

  戴安澜将军在第一个缅甸战役(一九四一年十二月七日至一九四二年五月二十六日)中,曾任中国第五军第二百师师长。在该战役中,日军从泰国发动进攻,侵略了整个缅甸东部。

  被称为"有才能、有魄力并有相当大胆量"的戴安澜将军从一九四二年三月十九日至三月三十日坚守并保卫了位于曼德勒去仰光途中的铁路交叉点同古镇西塘谷。据官方记载,这次行动是"所有缅甸保卫者所坚持的最长防卫行动,并为该师和它的指挥官赢得了巨大荣誉"。

二〇〇师在集结整理期间,戴安澜到野战医院慰问受伤的官兵,对那些受伤而不后退的官兵给予奖励。他召集班以上干部训话,要大家不要灰心,要继续努力战斗。

戴安澜在与师部同僚们总结这次同古作战时有不少感受。他说,由于部署得当,大家上下一致,官兵确愈战愈勇,但终日不见援军来,心中甚为焦虑,作为最高指挥官有时态度欠稳定。相反攻击同古城的日军增援不断,较之以前有推陈出新的战法,值得好好借鉴。如缅甸和尚均受日军利用,这是日本侵略工作筹之甚久的结果。和尚在缅地位极崇高,其号召力极强,缅人不仅不与中国军队合作,反而处处与中国军队为敌,给战斗增加了许多困难。时至今日,作战大计未全,大家一致认为,在这样的状况下,挥师域外,危险堪虑。

平满纳会战

4月6日,戴安澜接到电报,要他即到梅苗,什么事没有说明,于是他仓促起程,于夜里10时到达梅苗。戴安澜本来想到自己的好友飞霞那里去,无奈梅苗道路弯曲复杂迷了路,遂拟停车找一个英国人问路。车刚停下,有两辆轿车迎面疾驶而至,戴安澜招手请车停下,用英语询问要去的地方。这时车中的人说:"老戴,你发什么疯,这是委座的车。"戴安澜低头仔细一看,说话的是陈秘书,蒋介石与宋美龄夫妇坐在车后座上。戴安澜立即敬礼致意。

　　蒋介石问道："你什么时候来的？"戴安澜回答："刚到。"蒋介石又问："你知道我的住处吗？"戴回答："不知道。"蒋介石停了一下，对戴安澜说："你明早来见我！"这时戴安澜才明白，蒋介石也迷路了。戴安澜就向蒋介石敬礼告别。

　　经过一番周折，戴安澜找到飞霞的住处，门口已有侯代表等他，并说："委座召见你。"原来蒋介石也在这里下榻。到院内，杜聿明军长在等候他。进入房内时，飞霞对戴安澜说："委座下车就说，你快去接戴师长，他一定找不到地方。"正说话时，蒋介石慢步走出，问戴安澜："你吃饭没有？"答云："已吃过了。"又说："你即住在楼上。"临睡时，戴安澜与董显光副部长正在交谈，衣服也已脱去，这时蒋介石推门而入，戴安澜仓促穿衣，感到紧张不安。蒋介石向他简单询问同古战役经过，随后说："你们休息吧！"

　　4月7日晨，戴安澜起床后，飞霞来说："委座说'戴师长可到外面去，10时30分来见我。'"

　　于是他们二人同车外出，去见杜聿明军长和罗卓英司令长官，共同研究在缅作战大计。他们问戴安澜的意见是什么，戴说非大战一场不可，一来歼灭日军的力量，二来树立中国远征军的军威和中国的国威。经过讨论，大家的看法一致。

　　10时30分，大家一起谒见蒋介石。开始，由戴安澜报告同古作战经过，接下来，各自陈述对下一步的作战意见，经过研究，拟在平满纳举行会战，并确定了会战中的一些重大问题，这样就将在缅作战大计决定。下午1时30分，在蒋介石的住地午餐，戴安澜与蒋介石夫妇、史迪威将军、罗卓英、杜聿明、董显光及侯代表八人一桌。饭后，戴安澜即返回部队，蒋介石到曼德勒视察。

返回部队后，戴安澜召开团、营长会议，首先报告蒋介石在梅苗召见的经过。他满面笑容，这是他入缅作战以来所没有过的，他的这一情绪也感染了全体与会者。接着转达二〇〇师今后的战斗任务是参加平满纳军主力的大会战，指定部队开动日期为4月9日。由于没有汽车运送，部队是夜间行军到指定地点，所以对途中夜行军作战的注意事项也作了说明。4月11日，二〇〇师全部到达平满纳指定位置。在部队集结过程中，戴安澜率师部的参谋人员连日到预设作战地区侦察地形。

在侦察过程中，戴安澜发现自己最近经常被胜败的问题所困扰，从而分散他集中考虑问题的思路。他认为这是一种患得患失的表现，是一个极大的错误。他在想，要确立战争是我们的责任，而不是我们的权利，这样就能够在战斗中因势而定，即要有所为，又要有所不为，就能够胜不骄、败不馁。他决心今后永佩此言，来指导以后的战斗。同时他也深刻地认识到这次出国作战，以平常之军，作远征之举，可谓草率，对此，他唯有以精勤补救之。

4月13日，戴安澜在师部召开营以上干部会议，研讨作战方案以及步兵、战车和炮兵在会战过程中的协同事宜。会议完毕以后，又召集连长以上干部训话，勉励大家努力争取胜利。

以后的几日，戴安澜率二〇〇师营长以上干部及装甲团连以上干部实施演习。全师上下都做好了大干一场的准备。要给日寇狠狠的一击，打掉日寇的嚣张气焰。

就在中国军队紧张地准备平满纳会战的时候，西路英军防守的战线从普罗美、马格威一直向北败退，仁安羌的英军被围。如是，中路的中国军队右翼就暴露于日军的面前，平满纳会战的计划就成为泡影。东路之敌正向第六军攻击，有北上的趋势。取消平满纳会战，下一步中国军队将如何行动？对这个问题，在上层指挥核心发生了争执，且指挥混乱，使中国远征军就此陷入悲惨的境地。

英军向史迪威和罗卓英报告,在乔克巴当发现日军数千人,要求二〇〇师前去驱逐。而史迪威与罗卓英害怕日军从乔克巴当、他希(丹西)来切断中路军的后路,因此同意英军要求调二〇〇师向西攻击乔克巴当之敌。而杜军长认为若放弃平满纳会战,就要退守棠吉、梅苗,以防卫日军切断中国军队退回中国的通道。杜认为乔克巴当在仁安羌以北,孙立人的三十八师刚在仁安羌解了英军之围,不可能放过几千日军而不知道,不同意调二〇〇师西行,三人争吵得非常激烈。而此时,英军为了安全撤离到印度,要中国军队掩护,不停地向史迪威和罗卓英要求中国军队赶往乔克巴当,史、罗不顾杜的反对,直接下令给戴安澜,要二〇〇师到乔克巴当。

杜军长没办法,出发前,他召见戴安澜,他们在路旁草地上坐下交谈,二人对当前的战局看法一致,由于罗是远征军的司令长官,不服从命令也不行,二人商定,二〇〇师调五九九、六〇〇两个团到乔克巴当,另有五九八一个团向棠吉运动,军部派出骑兵团向棠吉搜索,与五九八团配合,这一线的指挥交郑庭笈负责。二人握手分别时,杜再三叮嘱,如乔克巴当没有敌人,或敌人薄弱,消灭之后,迅即赶回棠吉。二〇〇师主力连夜赶到乔克巴当,未发现敌人,立即返回向棠吉进发。对这一错误的决定,史迪威于4月20日在第五军军部表示了对西征乔克巴当一事失策的不安,意识到未来形势的严峻。

棠吉攻击战

西路日军在仁安羌遭遇中国军队以后,就停止了前进。日军也发现中国军队放弃平满纳会战,且调动混乱,于是东路与中路日军从毛奇(莫契)向北经罗列姆、棠吉到腊戍,对中国军队实行战略大包围,要将中国军队压缩到缅中北部予以消灭。因为棠吉为阻挡东路日军北上的作战重点,一旦攻克,西可直攻中路第五军的侧背,北可直上曼德勒、梅苗、腊戌,切断远征军的退路和补给线。二〇〇师由于向西到乔克巴当,又转向东赶到棠吉,时间上输掉两天,日军已先期占领了棠吉,并大部分向北继续进犯。4月23日,戴安澜率二〇〇师赶到棠吉城郊,决定24日拂晓开始攻击。

棠吉是位于崇山峻岭中的一块高台地,西傍黑河,东为高山密林,有公路通罗爱姆及至腊戌,北有崎岖山路外连,长达十多公里,南达同古,是雄踞高原、形势险要的军事要地。

由于连续战斗,二〇〇师兵员仅6200人,但全师斗志旺盛,对未来战斗充满信心。戴安澜在战前会议上向各团营长指出,棠吉的战斗与同古的战斗不同,同古是平原的防御战,棠吉是山地的攻击战。为此确定向敌主阵地开始攻击后,迅速占领棠吉两翼,包围敌人于山地而歼灭的作战方针。希望大家了解战斗的意图并在战斗中灵活处置,以最少的牺牲求得最大的胜利。

24日拂晓,进攻开始,戴安澜亲到第一线指挥作战,攻击部队在炮兵和装甲车的炮火掩护下,勇敢前进,进展很快,棠吉周围各制高点在激战中被我军占领,由于山地运动困难,日军阵地不易一举突破。黄昏后,又开始猛烈攻击,占领了棠吉城郊高地的据点,残余日军全部退入城市并占领宝塔山一带,企图负隅自守,准备夜间伺机反扑。在我军的猛烈反击下,日军只得退回城内。当夜,二〇〇师全线停止攻击,戴安澜要求各部队于原阵地对敌严密监视,决定第二日拂晓发起攻击,各部队合围聚歼在棠吉之敌。考虑到日军占据一些高地顽抗,戴安澜决定调榴弹炮连至高地附近隐蔽,当我发起攻击时,炮火予以支援。

25日拂晓,二〇〇师全线向棠吉守敌发起进攻,展开激烈战斗,为争夺宝塔山,双方激烈战斗。戴安澜亲带部队攻击,为彻底消灭宝塔山负隅顽抗之敌,他命令榴弹炮连随步兵进展推进阵地,对宝塔山猛烈射击,步兵反复冲锋肉搏。日寇伤亡过半,又因为冒死突围,而损伤更巨,结果无力抵抗,日寇溃不成军,四散逃窜。城内守军在我军的强大攻势下,早已逃之夭夭。

25日18时,棠吉完全告克复。在战斗中戴安澜身先士卒,指挥冲锋,他的随从副官孔德宏负伤,卫士樊国祥牺牲,可见战斗的残酷激烈以及戴安澜处境的危险。棠吉攻坚战的胜利,最高统帅部甚为赞赏,蒋介石亲自传令嘉奖。

郎科捐躯

棠吉克复不久,戴安澜得悉向腊戍进犯之敌气势猖獗,腊戍告急。二〇〇师奉令放弃棠吉向罗爱姆进击,截断日军后方各据点,达到实行前后夹击的目的。为抢时间,避开日军的阻击,戴安澜命令所有车辆向曼德勒转赴,各部队于25日夜零时由棠吉出发,转北方山道,再向罗爱姆前进。

道路崎岖难行,途中给养极为困难,有的部队无干粮供应,终日空腹。经过四天行军,部队到达罗爱姆附近雷伊文,官兵们虽然疲劳,但斗志依然昂扬。

4月30日,戴安澜率团营长到前沿侦察,准备攻击时,接杜聿明军长电报:29日腊戍失守,二〇〇师速往卡萨集结待命。他向各级传达军部命令,二〇〇师停止攻击罗爱姆,同时告诉大家下一步要准备长途行军转进至八莫、密支那,向军部靠拢。由于受英军的影响,棠吉得而失守,忍痛转移,二〇〇师官兵惋惜不已。在无可奈何的情势下,开始了长途的跋涉。

二〇〇师自5月1日由罗爱姆附近向北循山地转移过程中,曼德勒失陷,畹町、八莫、密支那等地先后被日军占领,缅甸全境沦陷敌手。在曼德勒失陷前,设在曼德勒的远征军总部里乱成一团,史迪威要罗卓英负责在缅中国远征军的撤退集结,他自己带领美军参谋团退到印度。而罗卓英在史迪威走后不久，也跟着退到印度。

留在缅的中国远征军成了无首之躯，新三十八师孙立人在西路，退入印度；杜聿明第五军新二十二师、军直属部队在野人山中转进，其间杜得重病几乎死去，后不得已退守印度；第六军各部在东部渡萨尔温江撤往景东；第二〇〇师向北突围，要经过三路二河（腊戍到曼德勒公路、细泡到摩谷公路、南坎到八莫公路、南渡河、瑞丽江）一共有五道关口。经过同古、棠吉战斗，二〇〇师仅兵力5800余人，戴安澜决心要把这支部队带回国，尽快与军部会合，重整旗鼓，再击倭寇。

二〇〇师在深山密林中行进，每通过一道关口都要严密戒备，前面两条关口，全师安全通过。5月17日将越过细泡至摩谷公路时，先派员到公路侦察，尚无敌情，当我尖兵搜索至距公路约二公里处，发现敌便衣队出没，当即击毙数人，并侦察知日军乘汽车已先于中国军队占领公路南侧之康卡村及其左右重要高地，阻止二〇〇师必经之路，企图截击歼灭之。这部分日军约一至二个大队，配有小炮两门，另有装甲车20余辆，但其部队番号及指挥官均不详。

在部队转进中，戴安澜随先头部队行进，当知道敌情之后，他率六〇〇团团长刘少峰往前方侦察，即决定部署攻击，命令前卫六〇〇团就地攻击正面之敌，迅速夺取公路两侧日军占领高地；五九九团以一部在行进路两侧占领阵地，严密警戒；各后卫部队就地待命。由于大雨如注，浓雾弥漫，六〇〇团发起攻击，敌人不易发挥火力，虽顽固抵抗，效果很小，而我官兵冒着弹雨，奋勇前进，敌伤亡较大，抵挡不住而后退。经过两个小时激战，晚7时，六〇〇团按命令完成了任务，夜已深。戴安澜见公路南侧之敌虽逐渐肃清，但判断公路两端尚有敌人封锁公路，阻止我军通过。

晚8时，戴安澜命令六〇〇团在已占阵地上沿公路分别向东西延伸。六〇〇团东西两部且战且进,晚10时于公路两端占领阵地,与迎面之敌继续战斗,其公路间隙约三华里,当师主力先头部队正准备通过时,忽然细泡方面骤有日军装甲车20余辆,突入六〇〇团掩护阵地,其势甚急。此时,戴安澜督同五九九团团长柳树人,率该团第一营前往阻击,战斗激烈,射击至猛,我军伤亡颇大。戴安澜在指挥战斗中被敌人重机枪一阵扫射,使他胸、腹各中一弹,身负重伤,团长柳树人、副团长刘杰当场阵亡。一阵混乱之后,人们退到安全地带,但发现师长戴安澜不在,参谋长周之再不顾个人安危,又冲回战场,在公路边沟中的草丛中找到了负伤的师长。在参谋长周之再的帮助下,戴安澜退到安全地点,继续指挥,他对前来保卫他的官兵说:"我没有关系,你们继续战斗。"

由于敌人不断猛攻,戴安澜见部队不易通过,命令后续五九八团立即占领高地,掩护收容后撤部队。师其余各部即向高堡转进,再图后策,公路上掩护部队拂晓时撤至高堡附近集结。命令下达后,各部队即刻行动,拂晓全师主力均得脱离敌人,尔后收容及掩护部队也安全撤退,日军未敢追击。

全部部队到达高堡附近已是19日深夜,时值大雨如注,道路泥泞,行动极为困难。在高堡师部的一间房子里,戴安澜召集连长以上军官开会,大家看见师长受伤,非常悲伤和难过,大家你看我,我看你,没有说话,戴安澜看着大家说:"不要沮丧,二〇〇师这支部队无论如何要回到祖国去,如果我死了,部队也要回国。"大家听了以后都说:"师长的伤会好的,我们决心把部队带回去。"听了这些话戴安澜十分宽慰。

部队稍事整理后,20日下午雇用向导向康卡在东约16公里之郎科的另一小道前进,由五九八团任前卫,该团先派员进出公路两侧,严密搜索侦察,结果无敌情,仍派部队掩护,当夜二〇〇师安全通过细摩公路继续北进。这就是以后被称为的郎科突围。当部队甩开敌人，进入安全地带后，戴安澜和全师官兵喜笑颜开。

这时，缅甸已进入雨季，部队在深山密林中行进，终日衣服潮湿，医药又非常困难，连棉花都没有，戴安澜由担架抬着前进，但仍然指挥部队的行动。由于雨淋日晒，他的伤口化脓生蛆。

部队到达茅邦后，村旁有一座寺庙，戴安澜要求停下来在庙中休息一下，这时部队已几天未能好好休息，粮食也极端缺乏。他的卫士设法从当地土著人那找到一些米来，熬了粥给他喝，戴安澜端起碗来，喝了两口，十分香甜，但是，他看到战士们都在忍饥挨饿，就把碗交给卫士，让每个战士都能喝上一口。

由于伤势的恶化，戴安澜处于半昏迷半清醒的状态，参谋长周之再和步兵指挥官郑庭笈去看他时，他已说不出话了，他们二人问："师长，我们下一步如何把部队带回国去？"戴安澜示意他们拿地图来，他们拿来地图，铺开在戴安澜的旁边，他用手指着地图要部队立即在茅邦以北的莫洛山寨处渡过瑞丽江，又用手指了过江后在南坎入莫之间回国的路线。他又示意身边的卫士把他扶坐起来，面对北方祖国的方向深情地望着，似乎还想说什么，但没能说出来，就与世长辞了。

时间是1942年5月26日下午5时40分，当时他年仅38岁。

二〇〇师官兵痛哭，天地为泣。"戴安澜师长因伤殉国"的电报传到第五军军部，传到最高统帅部，传到国内，人人为之悲伤，个个为之痛惜！

第二天，部队改变原来的行军计划，按照戴安澜指示的行军路线，在茅邦以北的莫洛渡瑞丽江后，向北行进。而此时，日军在莫洛西端的江南岸设防，等待中国军队，待发现阻击计划落空时，中国军队已于6月2日通过南坎到达八莫公路。6月5日进入中国国境回国。6月25日到达云龙漕涧集结。二〇〇师入缅时有9000余人，回国时仅4000人，100多天的悲壮历程就此结束。虽然第一次入缅失败了，但是在缅甸的历次战斗中，无数烈士催人泪下的英雄事迹将永远激励我们后人勇往直前，因为这是伟大的爱国主义精神，是永恒不尽的精神力量。

第五章

壮烈殉国　永垂青史

戴安澜将军牺牲后,工兵营为戴师长赶做棺材,他们砍了一棵攀枝花大树,锯去树梢、树根,在树干中凿开空槽,将遗体入殓,由工兵营负责护送,跟随部队前进。由于天气变热,尸体开始腐变流水,不能抬着继续行军,但也不能把戴将军的遗体留在缅甸。二〇〇师决定将戴师长的遗体火葬。在瑞丽江的江滩上用原木放在棺材四周,点火焚烧,官兵围站在瑞丽江的两岸,看着熊熊的烈火,思念着敬爱的师长。在浓烈的火光中,他们仿佛看到师长带着他们正在向日寇冲杀的场景,大家悲愤地哭泣,不知谁高喊一声:"为师长报仇!"官兵们跟着同声高呼。这高亢的呼喊声,穿过密林飞向天空,越过青山传遍四周,在天空与大地间回荡。

火熄灭后,负责收集遗骨的官兵,仔细地将骨头捡起,按部位用红布包好,放在新制造的木箱里。当二〇〇师返回祖国向漕涧集中的途中,一位曾经欢送远征军出国作战的老华侨,得知戴安澜将军牺牲的消息,他不顾年迈的身体,站在公路旁等候二〇〇师的回归,当他看到戴安澜将军的遗骨是用木箱装放的,老泪纵横地对负责抬运戴安澜将军遗骨的官兵说:"戴师长为国捐躯是大功臣啊,怎么能让他睡在这么小的箱子里,让人心里难过啊!我有一口为我百年以后准备的楠木棺材,我现在不用了,我要献给戴师长,让他睡得好,他是大英雄啊!"一席话说得大家纷纷落泪,在老先生及其子女的坚持下,二〇〇师决定遵从老人及全家的意愿,将戴将军的遗骨放到了楠木棺材中。当工兵营抬起装着戴安澜将军遗骨的楠木棺材向集结地继续前进时,老华侨及全家护着棺木一直走到村镇的尽头,看着远离的队伍,不停地挥动手臂,向戴安澜将军表示无限的思念!

悼忠烈

二〇〇师全体官兵,怀着崇敬的心情,一路谨慎小心地护卫着戴安澜将军的灵榇,于6月25日到达漕涧。在当地举丧三日,当地政府与民众举行了盛大迎祭,不少群众在此其间自发地于晚间站在高处烧着篝火,面对南方的缅甸,高呼戴师长的名字,他们说,这是当地的风俗,大家是在为戴师长招魂,要他回国来,不要流落在国外。

当二〇〇师奉令东进,向昆明行进,途经云龙、永平、漾濞、大理、风仪、祥云、镇南、楚雄、禄丰、安宁各县时,各县县长亲自到郊区迎送戴安澜将军的灵榇,许多民众自发地参加迎送的行列。他们肃穆地站立在道路的两侧,全神贯注着装运灵榇的车缓缓地开来,又缓缓地开过,人们的目光中反映出他们的悲痛、敬仰心情和决心消灭日寇、还我河山的斗志。载着灵榇的车虽然已经开得很远了,但是大家的心中依然久久不能平静。

7月12日下午,戴安澜将军的灵榇到达昆明,整个城市笼罩着庄严悲痛的气氛。灵榇前悬挂着戴安澜将军的血衣,灵榇入小西门,经武成路、华山南路、正义路,出正义门折入金碧路、拓东路至拓东运动场停灵,沿途行列长四五里,有上万人哀悼,灵榇过时,路人均自动脱帽致敬。三天时间前往祭奠的单位上百个,群众数万人,其中华侨千余人。云南省主席龙云,云贵监察使李根源、缪云台、蒋梦麟、卢汉涞等致祭并致祭文和挽联。

7月19日,《中央日报》发表社论《敬悼戴故师长安澜》,文中说:"我们相信戴故师长的精神不死,亦即中国军人的革命精神永远弘扬于世界。戴故师长的殉职,虽为中国国家民族的一大损失,而浩气长存,足以鼓舞群伦,共向抗战必胜、建国必成之途迈进,无论在中国抗战史上或在世界大战史上均有其不朽的价值。"

7月22日,戴故师长安澜灵榇到达安顺,由车站运进城内,本来灵榇由昆直抵贵阳,但因一年前戴安澜率二〇〇师驻扎在安顺,该县人士无限哀痛,故到安顺举行公祭,停留数日。灵榇到达之日,各机关人员、学校学生,各行业民众,出西郊迎接。灵车徐徐入城,街道两旁,民众设香案路祭者,数以百计。在缅牺牲的二〇〇师五九九团团长柳树人的父亲柳惠希老先生,在公祭时向戴故师长赠送挽联两副。

其一为:

笑敖休哭国,死士报生民。

其二为:

碧血洒孟关,绝代功勋光南服;

开心昭史乘,惊人战绩著东瓜。(东瓜即同古)

三日后,灵榇由安顺至贵阳,送丧民众,肃立东郊公路两旁,目送灵车离去,始怅然而返。

7月27日,灵榇由安顺抵达贵阳,各机关首长及各界代表数千人,前往西郊迎候。灵榇由头桥抬送入城到民教馆,沿路两旁都安置着香案,案上放着烛,放着香,放着花和果,当灵榇过时,人们燃放鞭炮,在街道两旁的群众中,不少人眼中含着泪水,他们对戴安澜将军"我死则国生"的精神表示崇敬。在民教馆广场正中的司令台上,安排奠祭戴故师长的灵堂,灵桌上供奉其放大半身遗像,奕奕如生,正中悬挂其殉国时血衣三件,血迹斑斑、创痕宛然,想见其牺牲之惨烈。

7月29日,贵州省主席兼滇黔副主任吴鼎昌率全省各界公祭戴故师长,赞颂戴安澜将军是在国家多难时为挽救国家之安危、视死如归的中华好男儿,重申了日寇必定失败、我国将取得最后胜利的信念,这也是将军最大夙愿。

公祭后,记者报道:"戴故师长一生功忠体国,清介廉洁,身后极为萧条,现身后之家属生活,尚系嘱托其知友数人协助,戴故师长事母至孝,太夫人爱之弥深。丧讯迄今家人尚匿不使知。苟太夫人得讯后,又将悲戚不胜矣。戴故师长忠榇,定今晨起程赴桂,暂殡全州,戴故夫人率其子女亲自护灵前往,至全州后,奉领袖令,扩大追悼,届时全国各地,均将派代表前往致奠。"

在贵阳奠祭时,在贵阳的《中央日报》记者向戴将军夫人王荷馨借阅戴安澜将军在缅作战日记,看过之后,甚为感动,报社在征得将军夫人王荷馨女士的同意,在报上刊载。披露后,各方纷函索取,于是他们决定编印《缅甸作战时期戴安澜将军日记》。

报社认为与其说这本小册子是为了戴将军,不如说是为了四万万五千同胞,更不如说是为了全人类;与其说是为了表彰忠烈,悼念一个军人成仁的壮举,不如说是为了淬厉抗战精神,记写中华民族空前伟大的一首史诗。因为这次出征异域的正义之师,是救己救人,援助盟军,求取世界和平的,是具有人类历史意义的行动,是历史上的创举!戴将军在缅成功成仁,博得中外同钦、万师同仰,他的不幸牺牲,是我们抗战的损失,也是反侵略战线的同盟国家的损失。

1942年8月6日晨6时40分,戴安澜将军灵榇到全州后暂厝在香山寺。为悼念戴将军在缅抗战的功绩,各有关方面积极筹备全国公祭的活动。蒋介石表示对此活动他将列名，活动时能否参加视当时情况而定。毛泽东、朱德、周恩来复函表示支持这一活动，届时派代表参加，全国各界及军方都积极给予支持。

在经过筹备之后，1943年4月1日，在广西全州，全国各界代表为纪念戴故师长安澜殉职，特举行追悼大会，蒋介石特派李济深代表致祭，并亲书挽联送至大会。毛泽东、周恩来、朱德等也书挽联送至大会，并派代表参加。追悼会于晨8时在香山寺开始，各方代表百余人，全州各团体各机关及民众万余人。礼堂设戴故师长灵位，中悬遗像，四壁挽联花圈无数。

追悼会由李济深主祭并致词，李济深说："戴故师长为国殉难，其身虽死，精神则永垂宇宙。不仅为第五军之模范，亦全中国军人之模范。"广西省政府主席黄旭初在悼词中特别指出："戴故师长在桂南战役中克服昆仑关勋功甚伟，谨代表广西全省人民向戴故师长致敬。"

追悼大会于11时结束，李济深、黄主席慰问戴故师长家属，并举行安澜学校建筑奠基礼，由李济深主持，该校系工科及机械科学校。李济深说："工业救国，前途光明。"黄主席说："戴夫人继承戴故师长遗志，为国家教育人才实堪钦佩。"

追悼活动中，亲属及国共两党领导人都敬献了挽联：

1.在追悼大会上家属的挽联

天道无凭世道衰君斯壮烈成仁已侥幸薄取勋名略酬素志
国难未纾家难续我忽强肩巨责应如何勤侍二老教抚孤儿

未亡人戴王荷馨　哀挽

海鸥师长　　　　　千　古

戚谊忝居尊每逢把酒谈兵论短争长早已视同畏友
烈威犹震远留得丹心青史成仁取义又当看作前贤

　　　　　　　　　　　　　　　滕杰　敬挽

　　　成仁成名弟无遗憾
　　　有老有小我将何堪

　　　　　　　　　　　　　　　兄蔚文　泣挽

数十年素志昊偿缅域立殊功扫荡群凶挽劫运
千百载勋名若梦柳江惊噩耗愁奔万里哭贤兄

　　　　　　　　　　　　　　　弟子庄　泣挽

海鸥二哥　　　　　千　古

长征缅甸记曾三月有奇方期奏捷归来荆树花荣同聚乐
负笈桂林遽尔一朝永诀回忆遗容入梦鹡鸰声断独怨哀

　　　　　　　　　　　　　　　三弟汝南　泣挽

2. 在追悼大会上蒋介石、林森、李济深等敬送的挽联

安澜师长　　　　　千　古
　　　　浩　气　英　风

　　　　　　　　　　　　　　　蒋中正

虎头食肉负雄姿　看万里长征　与敌周旋欣不忝
马革裹尸酬壮志　惜大勋未集　虚予期望痛何如

　　　　　　　　　　　　　　　蒋介石　挽

89

安澜师长追悼大会

　　　　　天　地　正　气

　　　　　　　　　　　　　　　　　林　森

海鸥师长　　　　　千　古

孤军歼敌捷报频来伟绩绍家声完节更逾谢元度
万里招魂灵旗倷下遐荒归战骨临风痛哭马文渊

　　　　　　　　　　　　　李济深　拜挽

3. 在追悼大会上毛泽东、周恩来、朱德等敬送的挽联：

海鸥将军　　　　　千　古

　　外侮需人御　将军赋采薇
　　师称机械化　勇夺虎罴威
　　浴血东瓜守　驱倭棠吉归
　　沙场竟殒命　壮志也无违

　　　　　　　　　　　毛泽东　敬挽

海鸥将军　　　　　千　古

　　黄埔之英　　民族之雄

　　　　　　　　　　　周恩来　敬挽

海鸥师长　　　　　千　古

　　将略冠军门　日寇几回遭重创
　　英魂羁缅境　国人无处不哀思

　　　　　　　　　朱德　彭德怀　敬挽

海鸥将军　　　　　　千　古
　　　　气　壮　山　河
　　　　　　　　　　邓颖超　敬挽

海鸥师长　　　　　　千　古
觥觥戴君　乃文乃武　身经百战　屡建殊勋
竭忠域外　归骨国门　英爽虽隔　浩气常存
　　　　　广西绥靖主任公署李宗仁　敬题

安澜师长　　　　　　千　古
　　转战频年早显健儿身手
　　成仁异域永扬大汉天声
　　　　　　　　　　程潜　敬挽

戴故师长安澜将军　　像　赞
　倭奴猾夏　以及怀瀛　抗战谋定　大义以伸
　上下一致　倾厦同擎　矫矫虎臣　粤维将军
　阻敌深入　扬威边廷　奉命恤难　异域遐征
　转战无前　连克名城　身先士卒　卒以成仁
　念此哲人　独抱坚贞　履险如夷　视危若平
　庶几立懦　化及全民　遗像载瞻　朗若晨星
　　　　千秋万岁　浩气永存
　　　　　　　　　　顾毓琇　敬挽

　　戴安澜将军不朽
　　长使英雄泪满襟
　　重庆中国美术学院筹备处　徐悲鸿　敬挽

数当前人物君已成名临难不苟生青史千秋光大义
望异地烟云我唯遗憾出师占永诀黄沙万里吊忠魂

徐庭瑶　敬挽

精神不死

杜聿明　敬挽

英才当代周公瑾
勋业千秋马伏波

曹秀清　敬挽

海公师长　　　　　千古
守同古克棠吉异域建奇功赫赫勋名光史册
振国威失长雄龙山遥致奠潸潸热泪哭元戎

旧属　郑庭笈　敬挽

此外，陈立夫、孙科、孔祥熙、罗卓英、林蔚、白崇禧、何应钦、宋希濂、张治中、杨森、李根源、孙立人、湖南大学、大公报、云南日报、海外华侨界以及中苏文化协会桂林分会，英国大使馆武官等都敬送了挽联。抄录挽联的簿籍有七八本之多。公祭大会，痛悼忠烈，备极哀荣。

葬忠骨

全国追悼大会以后，戴安澜将军的灵柩在广西厝葬。因日寇进占广西，1944年7月葬于花溪河畔的葫芦坡。1948年迁葬安徽时，在花溪留下了衣冠冢，当时的贵筑县县长唐棣为衣冠冢树碑"陆军二百师中将师长戴将军安澜之墓"。碑上志记："将军皖人也，缅甸之役忠勇殉职。政府嘉其志，将遗骸浅厝于此，秋其家属荣归，随迁回皖，邑人敬仰之余，奚就地兴建衣冠墓以彰其志而万后追效焉。贵筑县县长唐棣谨志。""文化大革命"以后，花溪河畔已成为花溪公园，葫芦坡上的戴安澜将军衣冠冢业经修复一新，并列为保护文物。

抗日战争胜利后，国民政府行政院对戴安澜将军灵柩运回安徽芜湖一事进行讨论，并决定举行公葬，运葬费由国家支付。经过家属的认真考虑，决定将戴安澜将军的墓地择定在芜湖小赭山。

1948年5月3日举行公葬。国民党政府国防部派司令长官杜聿明、装甲兵总司令徐庭瑶和整编第八十八师师长马师恭等前往芜湖参加灵柩引发典礼。由杜聿明主祭，徐庭瑶、马师恭及地方军政官员陪祭。公祭完毕后，参加公祭的各界群众列队前往墓地，整个送葬队伍长达三里多。小赭山上下，墓地四周，人山人海，哀乐声不断，参加的群众悲痛不已。

慰忠魂

1. 美国政府授勋

美国政府于1942年10月29日，颁授戴安澜将军懋绩勋章（又译为军团功勋勋章）一枚。这是第二次世界大战反法西斯斗争中第一位获得此勋章的中国军人。

美国总统罗斯福签署的授勋证书：

美国政府依据公元一九四二年七月二十日国会授权总统法案，于一九四二年十月二十九日以行政命令第926号令颁赠中华民国陆军二百师故师长戴安澜将军懋绩勋章一座，以资表彰。戴安澜将军于一九四二年春缅甸战役协同援英抗日英勇事迹与卓越表现，颂词如下：

中华民国陆军第二百师故师长戴安澜将军于一九四二年同盟国缅甸战场协同援英抗日时期，作战英勇，指挥卓越，圆满完成所负任务，实为我同盟国军人之优良楷模，本总统依据美国国会授权特追赠懋绩勋章一座，以示表彰并崇敬中华民国军人之特优传统。此状。

美利坚合众国总统　罗斯福

罗斯福总统去世后，杜鲁门和史汀生陆军部长又为已故戴安澜将军签署了授予勋章的荣誉状——"荣誉军功嘉奖令"说：

　　1942年7月20日，经国会授权批准，美利坚合众国总统特颁发军团功勋勋章（武官级），授予在卓越的军事行动中功勋彪炳的中国陆军戴安澜少将。

　　戴安澜少将作为中国陆军第二〇〇师师长，在1942年缅甸战役中著有丰功伟绩，声誉卓著。戴将军出色地继承和发扬了军事行动之最佳传统，为他自己和中国陆军建树了卓越的声誉。

2. 国民政府追认中将

国民政府令　　　　　　　　　　　三十一年十月十六日

　　故陆军少将戴安澜追赠晋为陆军中将。此令。

3. 戴安澜将军烈士灵位入祀忠烈祠

　　国民政府卅一年十二月三十一日令：表忠之典，观几攸资，战死之荣，古今所尚，溯自抗战军兴，时逾五载，凡我统军将领及守土员司，莫不戮力中原，同心御

第五章　壮烈殉国　永垂青史

侮,英勇战绩,炳耀寰区,其或矢死靡他,见危授命,身膏锋镝,气壮山河,尤足振起人心,增光史册,至如巩固后方,遥为策应,戡奸除暴,力靖妖氛,未睹大功告成,不幸猝罹于难,虽死事有殊,而精忠无二,芳徽伟烈,薄海同钦,允宜昭肃明德,并隆尚飨,用彰崇德报功之盛,益厉同仇敌忾之风,兹查已故第三十三集团军总司令张自忠,陆军第九军军长郝梦龄,陆军第四十二军军长冯安邦,陆军第二十九军军长陈安宝,陆军第三军军长唐淮源,陆军第九十八军军长武士敏,陆军第八十九军军长李守维,陆军第二十九军副军长佟麟阁,陆军第二军副军长郑作民,陆军第五十三军副军长朱鸿勋,陆军第一百三十二师师长赵登禹,陆军第五十四师师长刘家麒,陆军第一百四十五师师长饶国华,陆军第一百二十二师师长王铭章,骑兵第六师师长刘桂五,陆军第一百一十四师师长方叔洪,陆军第一百七十七师师长钟毅,陆军第七十师师长石作衡,新编第二十七师师长王竣,陆军第十二师师长寸性奇,陆军第四十二师师长王克敬,陆军第二百师师长戴安澜,暂编第十五师师长王凤山,陆军第十一师师长樊钊,陆军第十七师副师长夏国璋,陆军少将追赠中将刘震东,陆军第一百九十师副师长赖传湘,东北游击司令唐聚五,山东省第十一区行政督察专员兼晋西游击司令朱世勤,陆军第五师指挥官李翰卿,陆军第一百七十三师旅长庞汉祯,陆军第一百七十一师旅长秦霖,独立第五旅师长郑廷珍,陆军第六十六旅旅长姜玉贞,陆军第七十师旅长赵锡章,山东省政府驻鲁东行署主任庐斌,军事委员会参赞马玉仁,陆军第八十师团长谢晋元,均因抗战在

95

事殉职,应予一体入祀首都忠烈祠,并同时入祀全国各省市县忠烈祠,以资矜式,而厉来兹,着由行政院分别转饬遵照办理。

4. 出版著作《安澜遗集》

戴安澜将军牺牲后,多方收集戴安澜将军生前的遗文、遗作及书信等,编辑出版了《安澜遗集》,李济深先生专门作《安澜遗集》序:

> 我国承百年敝弱之余当四海沸腾之会而能特立不拔且愈振厉者斯盖繇复古正学之所育而大道之所陶成也吾党主义上接孔孟旁稽先儒所以涵濡于人心者綦切故自军兴以来忠义之气弥漫寰宇而以海鸥师长之死事为尤烈海鸥孤军远征屡获大捷微牵于友军其勋绩当不止此观其生平钻研韫蓄之厚衔须纳刃固自早有成竹树德立功大节炳耀自不待籍言而传而乃哀其绪余犹复累累如此益见其沉潜主义之深而大有得于古训也呜呼海鸥诚可以不朽矣尚望读斯文者有以观感之
>
> 　　　　　　　　壬午冬苍梧　李济深

5. 创办私立安澜高级工业职业学校

私立安澜高级工业职业学校(以下简称安校)的创办,也可以说是抗战史上血的成就。戴安澜将军牺牲后,灵柩停厝在广西全州,以什么样的方式来永远地纪念戴安澜将军,弘扬他的爱国主义精神?杜聿明、徐庭瑶将军从当时广西缺乏教育,战时国家需要工业，战后国家更需要发展工业，而国内承上启下的中等技术人才十分缺乏这一实际出发，杜将军首先提出倡办学校以纪念忠烈戴安澜将军。

这一想法一经提出便得到赞同，经过协商，徐庭瑶为董事长，杜聿明、关麟征、汤恩伯、邱清泉诸先生为常务董事，将当时在广西建设厅服务的戴安澜的堂弟戴子庄先生召来负责筹备工作，并确定5月26日为学校的校庆。在办学之初，资金缺乏，当时将这一情况告诉戴安澜将军的夫人王荷馨女士，商请能从何方得到支持。王荷馨女士为支持办学，即将国民政府赐遗族的特恤金20万元法币拿出来，作为办学、周转费用。

从1942年2月开始着手，经过大家的共同努力，到6月筹备工作告竣，建设了六幢平房校舍，实习工厂的机械设备及模拟汽车大部分组件是由陆军机械化学校和第五集团军平价代制的。学校图书馆中的一部分书籍，是戴安澜将军私有的图书，约2000多册。学校名称由杜聿明将军提议为"戴安澜纪念学校"，计划从小学、普通中学部、工职部，今后再扩充到新科大校。学校的名称广西省教育厅不敢核定，嗣后，请教育部建议改为"私立安澜高级工业职业学校"，此事后经董事会同意。

在办学之初，属地提出愿将地方公产桂北有名大刹，湘南古寺划拨学校扩展校部。为充实基金和设备，杜聿明将军曾在云南创办过一所近千亩的"安澜纪念农林场"，他还在董事会上提出以厂养校的办法来求得自力更生。8月间开始创办机械、土木、汽车三科，开学典礼是徐庭瑶、杜聿明、邱清泉三位校董躬亲主持的。然而半年不到，由于敌骑踏进了三湘八桂，学校奉命随同安澜师长的遗榇一道向贵州方向疏散，于是这初具规模的文化产儿遭受着无尽的磨难，在转移过程中，虽一路艰辛难以言尽，但所幸师生眷属均告安全。由于时间紧迫，仓促逃难，不少设备物资不得转移,因此损失不可弥补。日寇投降后,戴安澜将军遗榇运回故乡安徽省,在芜湖安葬,安校也迁返芜湖,经戴子庄先生各方奔波、交涉,王荷馨女士亲自出面,上至最高当局,下至地方政府,历尽艰难,徐庭瑶、杜聿明将军多次出面予以帮助,"私立安澜高级工业职业学校"终于1948年在芜湖复校,徐庭瑶、杜聿明亲自参加庆典。

6. 创办《海鸥周刊》

  创办《海鸥周刊》缘起
  太平洋军兴,中、英、美三国并肩对日作战。初期,战争中盟国大军以距离过远、调度不及,远东兵力遂形单薄。我国最高当局不顾中国战场本身局势之严重,慨然允诺盟友请求,抽调大军劲旅入缅,力图挽救危局。
  戴安澜(海鸥)将军统率第二百师声威素著,昔在广西战场收复昆仑关一役,令敌寇为之胆寒。三十一春奉调出国,在缅局已频危殆之际受命驰援同古(一作东瓜)。在该处以寡敌众,坚守两星期,敌人未得寸进。嗣后奉令配合盟军作战,于棠吉等役迭奏肤功,盟友对之赞美不已。戴安澜将军历来作战身先士卒,以此所向无敌,不幸于5月18日在缅境督战时中弹伤肺,前方交通不便,医药尤欠,5月26日遂因伤重逝世。忠榇过昆转黔沿途民众郊迎皆为之悲痛不已,将军殉国两年余我军收复缅北,国际交通路线不久即可再通。是则继起者有人,忠魂亦可告慰于九泉之下。
  同仁等与戴将军或系袍泽或忝交游值,兹胜利在望之际深愿为此立功异域为国增辉之名将留一永久纪念,念将军夙有儒将之风,平日军书旁午之际依然手不释卷,虽功在国家举世同钦,仍常以未能读破万卷书为憾,为承将军遗志拟创周刊一种名曰《海鸥》。内容提倡忠义,意在匡救颓风。对于此次抗战史实尽量予以收集。各战场上官兵民众及公教人员忠勇事绩,尤拟予以宣扬,俾一般后方民众得悉抗战力量所在。一方面并望此种刊物成为军民合作之桥梁,对于一般读者,供给大众所希望知悉之军事常识及军事消息,对于军队同仁则供给关于政治经济教育等各方面之知识,以期提高军中文化水准。区区此意尚希各界人士不吝指教并恳鼎力赞助幸甚。

发起人（以签名先后为序）：

龙　云	张伯苓	冯玉祥	许世英	李根源
陈树人	蒋梦麟	张治中	梁寒操	马超俊
诸辅成	鹿钟麟	张道蕃	潘公展	王晓籁
财启刚	熊庆来	余协中	黄伯度	徐庭瑶
郭沫若	史　良	李俊龙	周兆棠	卫立煌
罗卓英	杜聿明	×金保	关麟征	宋希濂
方先觉	由云龙	万昌言	袁丕佑	白之瀚
盛士恒	陆崇仁	李培天	龙自知	杨文清
袁绪熙	李鸿谟	王泽民	刘咏尧	禄国藩
邱清泉	马　珍	马崇六	裴存藩	赵　澍
段克昌	梁华盛	罗佩荣	孙炽隆	余　韶
赵家骧	李朴生	李竹瞻	郑庭笈	黄　翔
高吉人	李诚毅	周平远	李森春	龙秉灵
龙纯武	龙纯会	陈庭壁	楼兆元	梁金山

伍启元	雷海宗	曾昭榆	张邦珍	吴之椿
张 洵	蔡维藩	潘光旦	庄文彬	刘少峰
严燮臣	李毓萱	温广彝	邓文僖	陈学顺
刘镇宇	高直青	陈荣明	龙滁波	古恒柏
李天元	胡醒×	朱 鄂	张震华	尚云棠
赵有为	由 道	王慧生	盛于夏	高家俊
周咏南	蒋瑞清	吴惕园	聂克雷	潘国屏
张止戈	邹凤石	杨钟龄	周新民	沈天骥
刘剑魂	戴扶青			

《海鸥周刊》筹备出版

先烈戴安澜（海鸥）师长于三十一年奉命驰援缅甸，壮烈殉职，举国军民同深悲悼，兹崇念先烈，提高军中文化起见，戴扶青邀请昆各界首长龙主任云，张议长伯苓，冯委员玉祥，潘委员公展，杜总司令聿明等联名发起创办海鸥周刊，刊务事宜刻已积极筹备。于昨日下午召开筹组编辑委员会议，计到会杜聿明、李城毅、蔡维藩、曾昭抢、周新民等二十余人。讨论结果，决定编辑委员会下分"时论、军事、国际、科学、妇女"等五部分，并定本刊于3月12日创刊。

7.昆明安澜纪念塔

1944年10月4日，在昆明圆通公园后山，隆重举行安澜纪念塔奠基典礼，以纪念戴安澜将军在缅壮烈殉国的辉煌业绩。奠基典礼由第五集团军杜聿明将军主持，他亲将一块有其书写"奠基纪念"方石放置塔底，以志永久。典礼后，第五集团军总部集资与圆通公园共同商定,在安澜纪念塔周围进行绿化,种植桂花、松柏及其他绿茵,以培风景。该纪念塔于1945年2月落成,碑名改为"缅甸战役中国阵亡将士纪念碑",碑的下部有戴安澜将军石刻像。此碑于2013年12月3日恢复重建落成。

长相思

1. 台北市十普寺举行悼念会

1952年5月26日,戴安澜将军殉国10周年,戴将军在台亲朋假台北市十普寺举行悼念会,蒋介石派参军长黄镇球将军代表莅会悼唁。于右任等敬献挽联。

2. 中央人民政府内务部追认戴将军为革命烈士

1956年9月20日,中央人民政府内务部追认戴安澜将军为革命烈士。

附:李济深给王荷馨夫人的亲笔信及谢觉哉给李济深的信

王荷馨夫人:

　　前接令嗣函告,具悉您的家属,尚未享受烈属待遇,即经转函谢觉哉部长查明办理。兹得函复,诏已函告上海市民政局遵照办理。如在注念,爰将谢部长复函原文,抄附一览,还希静候当地主管机关处理便是。

　　　　　　　　　　　　　　致

　　　敬　意

　　　　　　　　　　　　　　　　　　李济深(印)

　　　　　　　　　　　　　　　　　　一九五六·九·二二

李济深副委员长：

　　示悉。已故远征军戴安澜师长的家属待遇问题查内务部优抚局曾经答复上海市民政局说：对于国民党政府已经抚恤过的抗日阵亡的国民党官兵无庸再作处理。优抚局对这一问题的答复是不够慎重的。戴安澜师长既然确系抗日牺牲，他的家属应该享受烈属的待遇。我们已函告上海市民政局遵照办理。

谢觉哉（印）

3. 中央人民政府颁发革命军人光荣证书

1956年10月3日，中央人民政府向戴安澜家属颁发了由毛泽东主席签发的"革命牺牲军人家属纪念证"。

1985年6月15日国家民政部统一颁发的革命烈士证书。

4. 台湾为纪念抗日战争30周年发行邮票一套

1975年9月3日，是台湾第二十一届军人节，为纪念抗日战争胜利30周年，台湾邮政总局发行"抗日英烈邮票"一套，以张自忠、高志航、萨师俊、谢晋元、阎海文及戴安澜等六位英烈遗像为题材并对这六位英烈的简略事迹作了介绍。

　　台湾报纸介绍了这套邮票六位抗日英烈的简略事迹。其中对戴安澜的介绍是：

　　故陆军中将戴安澜，号海鸥，安徽无为人，生于民前七年，卒于国民卅一年。是年三月十八日，参与缅甸战役，与敌激战于同古，挫敌攻势，廿八日敌大军增援围攻同古,烈士身先士卒,毙敌三千余,廿九日于叶达西猛攻北窜之敌,战绩彪炳,树我印缅远征军之声威。五月十八日,击退增援反攻之敌,旋于猛密特以北与敌遭遇,激战一昼夜,烈士奋勇指挥,身负重伤,仍不稍退,迄廿六日,伤重不起,英烈成仁。

——摘自一九七五年九月二日台湾《中央日报》

5.1978年芜湖市人民政府为戴安澜将军墓立碑

6.整修墓地

1978年,邓小平同志对戴安澜墓地的整修问题,批示民政部处理,民政部批交芜湖市人民政府办理,市人民政府拨款并专门组织班子负责设计施工,将戴安澜将军墓地修葺一新。

墓地位于风景秀丽的小赭山南麓半山坡,约100平方米。面对滚滚长江,背倚葱茏山峦,周围青松翠柏,显得幽静庄严,墓穴为圆形混凝土结构,直径约五米。墓碑上"戴安澜将军之墓"六个大字为中国国民党革命委员会中央委员会主席王昆仑所题。左侧的碑上刻写着毛泽东、周恩来、朱德和彭德怀、邓颖超题赠的挽诗、挽词和挽联;右侧石碑上简要介绍了戴安澜烈士生平。

墓地修葺竣工后,芜湖市人民政府举行了隆重的竣工仪式,会场前方的中央悬挂着戴安澜将军的遗像,两旁的挽联写道:

孤城喋血,异邦捐躯,与赭山苍松翠柏同标劲节;
爱国赤诚,民族大义,望台湾袍泽旧雨莫愧斯人。

会场上置放着中共芜湖市委、芜湖市人民政府、芜湖市各民主党派、工商联等敬献的花圈。烈士的女儿戴藩篱和先生俞继华、次子戴靖东和夫人刘汝玲、幼子戴澄东和夫人陈有馨以及其他亲属,生前友好,应邀参加了竣工仪式。

7. 戴将军牺牲40周年纪念会

1982年5月26日,是戴安澜将军殉国40周年纪念日。根据全国政协主席邓颖超的提议,中国国民党革命委员会中央委员会在北京人民大会堂台湾厅举行了大型座谈会,进行隆重纪念。政协全国委员会副主席肖克,副秘书长彭友今,中共中央统战部副部长李定,民革中央副主席屈武、钱昌照、郑洞国、匡祠森、吴茂荪、侯镜如、孙越崎,民革中央部分常委、委员、各民主党派负责人高天、孙起孟、孙晓村、严信民、孙承佩、徐伯昕、伍禅、李纯青,戴安澜将军的生前友好、有关方面人士以及戴安澜将军的子女戴覆东、戴藩篱、戴靖东、戴澄东,女婿俞继华、长孙戴维平、外孙女俞翔等共80多人出席了座谈会。民革中央副主席屈武主持座谈会,民革中央副主席郑洞国介绍了戴安澜将军的英勇事迹。民革中央副主席侯镜如和戴安澜的生前友好覃异之、郑庭笈、当年史迪威将军的副官杨孟东先生以及戴将军的长子戴覆东在会上相继发了言。政协全国委员会副主席肖克在会上作了重要讲话,他赞扬戴安澜将军是一位民族英雄。

在纪念戴安澜将军殉国40周年之际,安徽人民出版社出版了《戴安澜将军》一书,书名是由徐向前元帅题写的。5月27日《人民日报》报道了题为"民革纪念戴安澜将军殉国40周年"的消息。当晚中央电视台和中央人民广播电台报道了北京大型座谈会的消息。其他各大报纸都纷纷报道或专访或社论,宣传戴安澜将军的英勇事迹和赤诚爱国之心。

1982年5月26日在纪念戴安澜将军牺牲40周年座谈会上,戴安澜将军长子戴覆东代表弟妹们填《满江红》词:

满 江 红

岳武穆满江红词,先父生前极为喜爱,盖为激励我炎黄子孙,振兴中华之绝好篇章。每吟诵高歌,潸然泪下,并授之子女。今步原韵填词,以资悼念。

力挽狂澜,披肝胆,挥戈未歇。
反侵略,捐躯异域,激昂壮烈。
大会堂中怀旧雨,小赭山上偕新月。
四十年,相聚悼忠魂,情真切。
众叔伯,头虽雪;报国志,犹未灭。
急神州壮丽,骨肉离缺。
锦绣宏图需洒汗,炎黄后裔毋流血。
宿愿偿,来日奠英灵,歌天阙。

8. 勋章失而复得

1983年6月,戴安澜将军的长子戴覆东副教授作为哥伦比亚大学的访问学者访美。他经过反复思考以后,提笔写信给美国总统里根,陈述戴安澜将军在缅甸作战并荣获美国政府奖发懋绩勋章和荣誉状,以及勋章和荣誉状遗失等情况,恳请里根总统理解他作为戴将军遗属的心情,给他补发一张勋章照片和荣誉状存根的复印件。由于时间已经过去了40多年,美国政府人事多次更迭,因此信函虽然发出,但戴覆东并没有抱着多大的希望。

出乎意料,1983年11月,美国陆军部副参谋长帕特里克·J·何兰先生给戴覆东回了一封信,说是代里根总统处理这件事,随函寄来绿色封面的荣誉奖状和当时美国陆军部的档案记录复印件。信上还说,他已经通知美国陆军支持活动组织的司令,请他们再铸造一枚懋绩勋章,直接寄给戴教授。收到这封复信,戴覆东是喜出望外,高兴万分。

附:美国陆军部副总参谋长帕特里克·J·何兰先生的回信

DEPARTMENT OF THE ARMY
U.S.ARMY MILITARY PERSONNEL CENTER
200 STOVALL STREET
ALEXANDRIA,VIRGINIA 22332

REPLY TO

ATTENTION OF

November 3,1983

DAPC—ALA

Professor DaiFu-Dong

Chinese Visiting Scholar

Avery Hall, Columbia University

New York, New York 10027

Dear Professor Dai:

Thank You for Your letter of September 20 to President Reagon concerning a United States posthumous award to your father.

You will appreciate that as Chief Executive of

第五章 壮烈殉国 永垂青史

our government the President cannot possibly respond personally to each communication addressed to him. Consequently,the President has directed that each Executive agency designate an official of the Federal Government to teply on his behalf in those instances where they have special knowledge.For this reason,I am answering you inquiry.

The award conferred on your father was the Legion of Merit(Degree of Officer).I am enclosing an excerpted copy of the order which awarded the decoration Copies fo the original citation were not retained.It is not possible,of course,to obtain the personal signatures of those who signed the originl citation and certificate. From the information available,a substitute citation was made.I have asked the Commander,US Army Support Activity to engrave and forward the medal directly to you.You should receive the medal in approximately 30 days.

       Sincerely,

       Patrick J.Holland

       Colonel,General Staff

       Deputy Chief of Staff,

       Personnel and Logistics

Enclosures

译　文

陆军部

美国陆军军事人员中心

200 Stovall 街

亚历山大、弗吉尼亚 22332

1983.11.3

亲爱的戴教授：

　　谢谢你 9 月 20 日给里根总统的有关你父亲身后得到美国勋章的一封信。

　　你一定能谅解作为我政府的主要行政官员，总统本人不可能亲自回复每一封寄给他的信件。因此，总统命令每一行政机关指派一名具有专门知识的联邦官员以他的名义来处理那些方面的事。

　　授予你父亲的是一枚军团荣誉勋章（武官级），我附寄一张授命给予这枚勋章的命令的专门副本，原始的荣誉状副本已没有了。当然，要想得到那些签署原始荣誉状和证明书的人的签名已是不可能的了。根据可靠的材料，我们做了一张荣誉状的代制品。我已请求美国陆军支援行动组织司令官重铸一枚勋章并把它直接给你寄去，估计你将在 30 天内收到它。

忠诚的（签字）

　　1983 年 11 月下旬，戴覆东收到了由美国陆军支援活动组织的军事授勋部核准处 W・B・塞耶尔主任寄来重新制作的懋绩勋章。当戴覆东捧到这枚于国于家皆有历史意义的光荣勋章

的时候,他禁不住思如潮涌,热泪夺眶。为了抒发激情,他即兴填写《忆秦娥》:

忆秦娥

先父以鲜血与生命赢得之代表中美两国人民友谊的美国懋绩勋章失而复得,感慨系之。

千般憾,宝章不翼肠愁断。
肠愁断,
魂萦梦绕,暮思朝盼。
"懋绩"再铸光华艳,
斯人惠我酬衷愿,
酬衷愿,
时空纵阻,友谊长璨。

9. 台湾再版《安澜遗集》

为纪念戴安澜将军殉国42周年,台湾安徽同乡会再版《安澜遗集》,滕杰为书题名。

10. 军事博物馆展出戴将军勋章及遗物

1985年抗战40周年,中国人民革命军事博物馆的"抗日战争馆"开馆。戴安澜子女将父亲生前用过的毛笔、钢笔、日记本、方位仪、手套等五件遗物捐献给军事博物馆并和美国重新铸造的懋绩勋章一起陈列在新开的"抗日战争馆"的橱窗里。在开馆仪式后,国防部长张爱萍在戴安澜将军事迹的展橱前亲切接见了戴安澜将军的亲属。

11. 戴将军诞辰 85 周年纪念会

1989 年 11 月 25 日是戴安澜将军诞辰 85 周年,民革上海市委与上海黄埔同学会联合举行纪念会。民革中央主席侯镜如在上海黄埔同学会发行的纪念封上题词。

12. 戴将军牺牲 50 周年纪念会

1992 年 5 月 26 日,戴安澜将军殉国 50 周年,安徽省政协受全国政协的委托,在合肥隆重举行"戴安澜将军殉国 50 周年纪念会"。全国政协副秘书长,民革中央,安徽省委、省政府、省政协及当地驻军的领导,有关部门以及戴安澜将军的亲属、生前友好等人出席了大会。彭冲副委员长题写了"民族英雄戴安澜将军牺牲五十周年"的条幅,上海黄埔同学会发行了纪念封,安徽人民出版社再版了《戴安澜将军》一书,滕杰、旅美黄埔同学会长等为戴安澜将军题写了字、联。香山书画研究会和浙江诸暨黄埔军校同学 30 多位书画家赠书画折页一本。

13. 台湾高雄陆军军官学校的"安澜楼"

为纪念戴安澜将军,在高雄凤山的台湾陆军军官学校建"安澜楼"一幢,在"安澜楼"进门的走道墙壁上,有介绍戴安澜将军英雄事迹的壁碑。

14. 作家三毛给戴覆东的信

敬爱的院长：

　　这几幅照片，是我在台北一位好朋友胡将军的夫人代为办理的。台湾陆军官校在高雄县凤山，胡将军在中部，我在台北。三地在一日之内，接力传递，由南部送到北部。

　　另一位做框的师傅在一个小时内为令尊大人配好框，我在次日带了上飞机由香港转北京（因临时香港电影配音之事，叫我在两日中赶办手续立即去京城，两日中办好出国机票，回乡证。行色匆匆。令尊大人的这幅照片就是这么仓促中带来的，拍得不够艺术，是陆军官校现教育长，一位中将拍的。他们也是黄埔学弟，能尽一些微力，是欣慰的）。这两月来，这幅框子随着我去了乌鲁木齐、喀什、成都、拉萨、重庆、长江三峡、宜昌、武汉，终于到了上海，能够亲自交给您，我也是很欣慰的。短短相处，能谈谈就十分快慰了。心中常常记得院长以及您夫人的待人接物，君子之交，细水长流。感谢一切的一切。明年又相见了。

　　　　　　　　　　　　　　　　　　敬祝

　　　安康

　　　　　　　　　　　　　　三毛　1990年10月5日晚

　　又："安澜楼"现在陆军官校校园中，远景也拍了，因拍入"国旗"，我没有带来。

111

15.巴黎《欧洲时报》连载中国远征军事迹

1994年9月巴黎《欧洲时报》连载关于中国远征军抗击日本帝国主义的文字,其中有相当篇幅内容是关于戴安澜将军的。

16.《壮烈辉煌》一书出版

1994年11月,在江苏省政协的关心和支持下,《壮烈辉煌》一书出版,纪念戴安澜将军诞辰90周年。1995年二版时,宋平同志、李沛瑶同志、陈焕友同志题字。1995年11月6日中央电视台军事天地节目播出"抗日英烈"第八辑,专门介绍了戴安澜将军抗日的英雄事迹。

17.1996年为纪念毛泽东同志逝世20周年,中央文献研究室将1943年4月在全国追悼戴安澜将军壮烈殉国大会上,毛泽东同志给戴安澜将军的挽诗(五言律诗)收集入《毛泽东诗词集》。

18.1997年5月26日,全国黄埔同学会在京举行"戴安澜将军殉国55周年"纪念座谈会,缅怀这位著名的抗日爱国将领,怀念他在大敌当前,民族危亡的关键时刻,为了祖国,为了民族,与日寇浴血奋战,为赢得战争的胜利献出了宝贵生命。他的丰功伟绩,我们永远不会忘记。黄埔同学会号召黄埔同学发扬爱国革命的黄埔精神和中华民族的浩然正气,为祖国的两个文明建设,为早日实现国家的完全统一贡献力量。

第六章

丹心永照　光耀人寰

戴安澜将军为了中华民族的存亡，与日寇浴血搏斗，年仅38岁，就为国家、为民族、为世界反法西斯战争献出了年轻的生命。38年在历史上只是一瞬间，但戴安澜将军却在这个短暂的时光里，用他的英雄业绩留下了耀眼永恒的光彩。戴安澜将军热爱祖国，深明大义；正直无邪，严于律己；胸怀坦荡，宽以待人；酷爱学习，刻苦钻研；感情真挚，爱憎分明。戴安澜将军的一生是忧国忧民的一生，是以强烈的事业心、高度的责任心尽职尽责的一生。在人生的道路上，他不断地充实，不断地前进，精神不断地升华，最终成为了一位伟大的民族英雄。

赤子之心

戴安澜将军对祖国有着一颗赤诚的心。他出身于贫苦农民家庭，对农民的疾苦有着深切地感受，他希望有一个统一、强大、繁荣的祖国，人民能够安居乐业。

因此，他青年时即投笔从戎，参加革命，矢志消灭军阀。当祖国的大好河山被日寇践踏，人民生活在水深火热之中时，他痛感未能尽职而自责，决心不惜牺牲自己的生命消灭日寇，保卫家乡。

他对亲朋说，我们生逢此时，正值国难家仇，对每个人来说，当然是百感交集。但是我们要意识到，这是时代赋予我们的艰巨任务,我们只有力任艰难。在国家危难之际,要先国后家,要舍身救国。他还说,我们要养成宽阔的胸襟、奋发的志气,并要时常警戒自己,不要消极退避,要积极争取光明的前途,我们到任何时期都要充满着无畏的勇气。这场战争的胜负,民族的存亡,都要由我们这一代人来承担。消极是错误的人生观,只有我们的自信、决心与勇气,才能打败张牙舞爪的倭寇,中华民族才能有光明的前途。

当二〇〇师由安顺转进保山准备出国远征时,一些送行的民众希望他多保重,胜利返国,他笑着说:"为民族战死沙场,男儿之份也。"他坚信:有我辈在,决不使倭寇得势,国家的前途一定是光明的。戴安澜将军把自己与祖国的命运紧紧地连在一起,将赤诚之心奉献给了自己的祖国和人民。

为人之道

戴安澜将军认为人生在世应该有所作为,而不能碌碌无为。但是他认为这些作为应是于国有利、于民有益。因此,他十分注重对自己的修养,常告诫自己,太上立德,其次立功,再次立言。他把毁誉不闻、宠辱不惊、安危不动、得失不患,作为做人处事的风度,视为规范自己行为的准则。按照这个精神,他提出:"人我之际要看得平,平则不忮;功名之际要看得淡,淡则不求;生死之际要看得破,破则不惧。人能不忮、不求、不惧,则无往而非乐境而生气盎然矣。"

戴安澜将军认为人与人之间要平等相待,互相尊重,这样就不会有嫉妒产生;在功名利禄面前,要能淡泊明志,就不会有为争权夺利而引发的各种矛盾;在遇到生死考验时,要有把生死置之度外的精神,那么就勇往直前,无往而不胜。对人、对功名、对生死有了正确的认识和正确的态度,一个人就能为国家、为人民作出更多的贡献。他将这一段话书写出来,赠与他所在部队的各位长官作为互相勉励。而戴安澜将军在他短暂光辉的一生中,也的确实践了他的这一格言。

在自身的修养中,戴安澜将军提出要有一个紧张的生活习惯,以适应国难当头的形势。他曾颇有见地地指出,我国社会生活因为农业社会自给自足之影响,故颓废、萎靡、保守、沉郁之人生哲学,时时充满于社会之间,而我官兵均来自田间,亦多承受此因袭观念;以致日久则疲,渐入于颓废状态,此种现象之危险,不可胜言;须知吾人为革命军人,负有挽回国家民族厄运之责任,举凡民族中之病态,均须自我而除,安有承受因袭之理。他提出,今后的生活应该适应形势的需要,那就是要过一种合理的生活、规律的生活,一改过去的落后生活习气,并要养成火辣辣之精神,活泼泼之身体,以朝气蓬勃的精神面貌在现实中去奋斗,以此来挽救国家,以此来改变社会风气。如果人人都能如此,则民族健全,不管任何敌人都将被我们击败。

严于律己

戴安澜将军对自己的工作、学习和生活都有十分严格的要求,能够做到以身作则,并能以高标准来检查对照自己做得如何。他撰写的《自讼》一文就是他对自己严格要求的表现。他在这篇文章中,不因为自己已经达到将军的地位而放松对自己的要求,而是以更加严格的标准来检查自己的言行。他认为一个人要经常检讨过去的缺点,以利于确定今后生活的正当途径。要把一切存留在天性中的渣滓排除干净,并要时时警惕,否则潜伏在内心深处的恶劣种子,总是像野火烧不尽的草根,经风一吹,又滋长起来。他对自己说,如果像这样下去,我这一生便将永远地废弃,永远地沉沦。在《自讼》一文中,他大胆地、毫不掩饰地暴露自己思想深处的缺点,并严厉地鞭挞这些错误的思想,同时也狠狠地抨击了当时社会上和军队内贪生怕死、卖国求荣、发国难财等腐败现象,指出这一切都是不利于抗日救国的,必须要坚决地杜绝这些现象,这样中华民族的生存才有希望,中国才有希望。通过《自讼》,他看到自己的不足,了解到自己存在的问题,但他不气馁,而是对于克服这些缺点和错误思想充满了信心和力量,用他自己的话来说,"习染虽深",但克服它们的"根基还厚"。戴安澜决心学习历史上的英雄人物,精忠报国,不辜负时代所赋予的使命,确确实实地做一个现代军人。

科学治军

戴安澜将军非常注重军队的训练与教育,倾注大量的心血,认为这是提高军队战斗力的重要举措,他说:"管子有云:'地之守在城,城之守在兵,兵之守在人。'如果每一个士兵都能受到正确的良好的训练和教育,则兵强,兵强则城固,城固则国坚矣。"

在对官兵的教育上,他注重思想教育和业务教育并重,并首先要提高官兵的觉悟。他强调军人的责任是"保国卫民"。他对官兵们说,全中国四万万五千人的生命财产的安全,要靠军人来维护。200万军队,除自身之外,每一个士兵要保卫224个人,还有领土、领空、领海以及大量资源和财产,因此军人肩头上的担子是十分沉重的,责任十分重大。

为了担负这样重大的责任,戴安澜将军提出作为一个军人要具备现代军人所需要的素质,那就是:

一是要忠,即忠于国家,忠于职务。他尖锐地提出,现在一些军人,遇到要打仗就假装生病,不是头痛便是家里有急事,请假条雪片似地飞向长官手中,比之古代的爱国将领,真是可悲。因此他强调,现代军人应有忠的精神,要充分地认识到,挽救国家危亡是我们的天职,我们如放弃责任,那国家还有什么希望。他进一步地指出,军人不能去直接生产,国家每年耗费巨大的金钱来供养军人,不仅养他自己,还养他一家。目前虽国难关头,薪水折扣,然而已经高出人民十倍,老百姓抱着手坐在家里,谁给他一个钱。那么国家为什么对军人这样优待呢,就为希望他们在危难的时候,贡献他们的能力甚至生命来保卫人民,捍卫国家。因此,要充分地认识到,忠于职守、认真负责是军人的第一美德。

二是要勇,勇就是战必胜,守必固,当仁不让,忍人所不能忍,为人所不能为,以国家安危为己任。

三是要勤,古话说:勤能补拙。不怕一个人怎么笨,只要他不懒,抱着"人一能之己百之,人十能之己千之"的精神,锲而不舍,结果必定成功。只有勤,才能熟,最后达到熟能生巧的地步。

四是要廉,也就是要廉洁自爱,自重重人,再换句话说,就是不揽非义之财,不揽非分之权。也不拿非义之财和非分之权去引诱人。人能廉洁,才能无欲则刚,处处泰然,无牵无挂。物质生活最没有法子可以满足的;如专求物质生活的满足,其结果一定是趋于下流而不能自拔。我们国家到了这种地步,正好比中落的世家忽然出了横事,一个钱要抵十个钱用,我们身负国家安危重任的军人,要努力效法古今伟人洁身自爱,处处为国家民族打算,就是从个人事业讲,也应该如此。

为了确立官兵正确的生死观,戴安澜将军对他们说,人的生命有限,精神无穷,与其忍辱偷生,遗臭后世,不如慷慨就义,使精神充溢于天地之间,与日月同存。

戴安澜将军为了使官兵们对他所讲的道理有进一步的认识,讲了一个西洋故事。有一个猎人,三代以打猎为生,祖父和父亲都死于野兽之口,他母亲非常忧虑,刚好有一个教士到村中传教,劝猎人母亲入教。猎人母亲说,如果叫她儿子不打猎,她就入教。一天,教士问猎人:"你祖父死在哪儿?"猎人答:"死在山上。"教士又问:"你父亲死在哪儿?"猎人又答:"也死在山上。"教士便说:"那多危险!你还敢打猎吗?"猎人反问道:"你祖父死在哪里?"教士答:"死在床上。"猎人又问:"你父亲呢?"教士又答:"也死在床上。"猎人便说:"多危险,你还敢睡吗?"戴安澜将军说,这个猎人对生死观念十分达观,我们对于生死应该认清是泰山还是鸿毛,重于泰山就是有价值的,轻于鸿毛就是没有价值的,由此去选定自己应走的方向,毅然地前行。最后戴安澜将军要求各位官长多负责任,多做事,看破生死,以勇往直前的精神从事自己的事业,并相信按照这样的思想境界去实践,将来人人得成大功,建立大业,走入光明的境界。

为提高官兵的战斗力,做到训练有素,戴安澜将军根据现代战争的需要,总结了十多年战斗实践,编写成《磨励集》一书,将军事学术系统讲解,对训练士兵的格斗、射击、警戒、侦探、战术动作等提出具体要求,并对营连阵地的组成、编排以及配备等提出指导性的意见,是一本全面论述军事训练的课本。

按照这些要求,戴安澜将军集合二〇〇师全师军官分期进行训练,他亲任主官,一丝不苟,按照教材施教。学习中,大家相互切磋,所以效果极佳。在当时相应的全国军队的军事比赛中,二〇〇师获第一名,成为国民党军队中战斗力最强的部队,也是日军最为敬畏的部队。戴安澜将军所编的《磨励集》也就成为当时军队训练的主要教材。

在军事教育中,戴安澜将军认为与其做注入式教育,不如做启发式研讨,他认为士兵中一定有可宝贵的经验和见解,但由于地位的悬殊,而致不能吐露。他认为这是部队教育中的一个弊端。为此,他命令连排分别汇集士兵关于教育、管理、生活、卫生、行军、宿营、战斗、工作等十四个事项,向士兵发问,由文书人员

第六章 丹心永照 光耀人寰

记录，勿隐勿讳，收集后按序汇订呈报，以了解士兵中之见解。他还经常将自己学习《孙子兵法》有关章节的体会书写出来，分发各长官，相互共勉。他强调，在部队的训练中要以启发的方式，要多做少讲，不应太注重形式。

随着职位的升高，戴安澜将军率领的部队更多，但他大部分时间都是住在部队，经常晚上查哨，早上督促部队晨练。他对一些军官不以战斗为依归，而迎合长官的做法给予严厉的批评。在七十三旅，他检查某一部队的工事时，见尚无行动，便问这是何故，这个部队的长官对他说："我不知旅长个性如何，不敢做事。"戴安澜将军深感揣摩长官意志行事最危险，当时就对他说："我们服军役，就是为尽责任，报国家。不必知道长官心理，只凭良心去做就行了。"

他还经常与一些部属们在一起研讨军事，谈论军队教育和指挥各项，以及求学及为人之道，甚至于与僚属们讲故事说笑话，部属们对戴安澜将军也视作知己，敢在他面前进真言，有的劝他在一些事情上要放大胸襟，宽容别人。戴安澜将军听后，深以此为真药石之言。因此，在他的部队里，上下情感，如水乳交融，戴安澜将军说："胜利自可操左券也。"

戴安澜将军每次战斗之前，都要到第一线察看地形，在战斗紧张的时刻，他总是亲临第一线，身先士卒，越是危险的场合，他越向前。部属对他每战总是身先士卒，习惯冲锋陷阵的精神深表敬佩，但不赞成像他这样高级军官还亲临第一线的做法。他们向戴安澜将军建议，要他当大将而不要当战将。他问这些部属们大将与战将有何区别，这些部属们说："身先士卒，勇冠三军，斩将夺旗，杀敌致果，这是战将。明耻教战，整肃三军，人民信仰，安定国本，扬威国外，威慑敌人，不战而胜，这是大将。关羽、赵云、岳飞等是战将，诸葛亮、郭子仪、裴度等是大将。"戴安澜听后说："真是高论,但我哪有才略师法诸葛、汾阳诸公。"他向部属们解释道,在战场上他之所以这样做,是因为这对于取得战斗的胜利有重大意义。首先,士兵们看见自己的长官在第一线,与他们在一起,有了一种安全感,给他们增添了信心和勇气,大大地提高战斗力。其次,对于指挥官来说,亲临第一线,可以直接了解到战斗进行的状态和发展的趋势。这有利于或按照原定作战意图实施攻击或防御,或及时地调整战术,以取得战斗的胜利。第三,亲临第一线,可以了解敌人战术,可以在实战中总结战术动作,提出有针对性的军事训练要求。

他举例说,在长城抗战时,一天他偕一营长等四人侦察地形,在城墙上被敌人发现,敌人用轻机关枪一挺,步枪十余支,追随射击。当时,他们所在的地方离下城去的路口还有60公尺,就这样一段距离整整费去一小时的时间,他们用忽前忽后诸种有规则运动,未脱离敌人火力控制。最后四人分散行动,才算脱险。

从这件事上,戴安澜总结出,敌人轻、重机关枪与步枪的射击法运用很熟,我军在训练中要加强这方面的训练、教导,迎头赶上去。另一方面对于这种轻机枪与步枪联合封锁射击、压制射击的方法要按照当时所处地形、地貌以及人员的情况,采取灵活的战术动作而加以对付,这样才能保存自己的有生力量。戴安澜将军语重心长地对部属们说,如不亲上第一线如何能对此了解,这些都是用血和生命换来的经验。

戴安澜将军在治军中极为注重军纪教育,他所率领部队始终保持着革命军的传统,对人民秋毫无犯,还时时帮助驻地的民众办好事。由于部队纪律严明,所经之地都得到当地民众及士绅的欢迎。在完县,县长、士绅与民众对比其他部队,深感戴安澜将军的部队是文明之师,遂生好感,对部队在完县设防,人民给予了许多帮助。戴安澜将军非常高兴。部队驻安顺时,冬天帮助疏浚护城河,戴安澜将军亲自参加,融洽了军民关系,这事至今仍在安顺流传。部队驻扎某地,要离开时,都要帮助群众打扫卫生、挑水,这已成了习惯。他们还派出小组到每家询问,有没有损坏东西,有没有借钱未还,因而很得老百姓的欢迎。当部队再返回,或经过原驻地时,老百姓都倚门驻足欢颜相迎或相送。二〇〇师出征缅甸前,师部驻在保山附近的板桥镇,所属的几个团分散住在板桥附近的几个村,至今那里的老年人对二〇〇师当年的好纪律、好作风仍记忆犹新。

戴安澜将军对违反纪律的事极为恼怒。一次,部队在霍家左临行时,发现火炮连赊账未清,令他气愤已极,除由旅部代为偿还,责令炮连归还旅部外,并令该连长将经手人押来旅部惩办,并对该连长予以申斥。在行军中,有时戴安澜将军故意落在最后观察军纪。对发现有雇用民夫不给工资者,除当面向民夫道歉,给予工资外,并处罚擅自雇用民夫的官兵。当他闻知驻地一关姓居民的耕骡被他所在师一个连长用病骡换去,他当即电告副师长,督其查办。对这种伤天害理之事,戴安澜将军十分气愤。

在一次行军中,戴安澜将军捕获了滥抓民夫的军部特务连士兵,立即交军部法办,他看到军纪渐次颓坏、百姓不堪受命的情况,深感不安。他想:我怎么能到处发现而捕捉到这些违背纪律的人呢?他决心整顿自己的部队,不干扰百姓,以尽自己的职责。在保山时,二〇〇师一位士兵买烟不给钱,老百姓向他索要时,他还欺侮老百姓。这事被戴安澜知道后,对这个士兵重重地处罚,当地群众极为满意,同时也教育了其他士兵。

旧军队里常有些腐败现象,戴安澜将军对克扣军饷、中饱私囊的事,极为憎恶。他在保定防务时,曾参加过一次新旧师长交接账目会议,在会上,师长们对经济数字完全随意捏造,开支数目又任意报销,他感到会议令人失望,认为这种账目不清,管理混乱的军队经济制度亟须改良。不然长官一人独肥,还骗取清廉名誉,真是名利兼收,可谓助长腐败。

戴安澜将军从不吃空缺、喝兵血。那个时候的部队,团长以上的官长就有用人权,会计、军需人员都可由他们来定,不少部队中这类人员都是这些主官的三亲六戚。但是,戴安澜将军却以人的品德好坏来知人善任,当他发现他的特务连长吃了空缺,虽然是跟随他多年的"老人",他一样把这个连长禁闭一个月,并由少校降为上尉。戴安澜所跟随的军需是一名品德可靠、一心抗日的东北青年。

孜孜以学

戴安澜将军认为,人生之食粮有二:肉体之食粮为米面蔬菜;精神之食粮,为知识学问。不吃饭则肉体死灭,不读书则精神沦亡。人之所贵为人,在精神智慧,如以饱暖肉体为满足,则何异于其他动物,而侈言为万物之灵。况人生有限,而宇宙之学问无穷,日日不遑,尚不足窥其底奥,又安能坐废时日,以贻误终生,为此他不仅养成了求学的嗜好,且持之以恒。

戴安澜将军幼年读私塾,后在安徽公学经历了很短时间的学习生活,这样的学历给他的中文、历史、特别是古汉语打下了良好的基础,但是由于未能受到现代学校的系统教育,因此他现代科学知识较为缺乏。以后到黄埔军校学习,虽然得到了一些补充,但从黄埔军校毕业后到了部队,他仍深感知识不足,与一个现代革命军人的责任极不相应。于是他下定决心,利用业余的时间认真读书,对数学、英语、军事等社会与自然科学等莫不苦心研读。他在戎马倥偬的一生中,从未放松学习,他给自己定学习计划,提出学习要求,时时对照检查,严格要求自己。

戴安澜将军曾写过一首诗:

第六章　丹心永照　光耀人寰

感　生

前有亿万年,后有亿万年,
中间一百年,能作几何事。
而况人之寿,几人能百岁,
如何不喜欢,空自生憔悴。

这首诗表现出戴安澜将军热爱生活、珍视生活、要在生活中有所作为的积极态度。他认为要通过学习来充实自我,提高个人的素质。

因此,他抓紧一切时间学习,即使是一直处于战斗的生活中,他也注意在炮火连天中求得丰富知识。在他遗存的日记中,有百分之八十涉及学习的情况。有的是记载学习有所进步,心中十分愉快;有的是在学习中遇到困难,心中十分焦急烦闷,不断地鞭挞、督促自己要抓紧,不要气馁;有的是感到学习的方法不对,认识到在读书时,如果过于求速度,虽然书可以读得多一些,但能够应用的就较少,能够记得住的就更差。于是他对于读书的规模计划重新制定,并对自己立下规矩:一事不知,不更二事;一书不解,不读二书。由此他找出了正确的学习方法。当戴安澜由团长升任旅长后,团队中许多繁琐的杂事得以摆脱,具体军务大大减少,他想到的不是可以好好地清闲一番,而是决定要利用这一机会研究学问,以充实自己,他对自己说,如放过此好时光,则真后悔莫及了。

在部队驻扎广西全县时,他把长子覆东带到营房生活。每晚室内点两盏油灯,一人一盏,戴安澜将军在灯下做数学题,学习理化,读英语。经常是覆东一觉醒来,戴安澜将军仍在油灯的亮光下聚精会神地做功课。每一年的年初,戴安澜将军都要给自己定下一年的学习内容,定出要看的书目和课程计划表,年底将计划与一年的实践对照，看看一年学习完成的情况。

学贵及时，是戴安澜将军的格言。戴安澜将军有较重的脚气病，经常需要护士给他消毒治疗，在这一段时间里，当医护人员操作时，自己可以手捧书本阅读。对于无谓的应酬，他十分反感，尤其是上司集合打牌，不仅令人烦闷，还要赔去许多时间、精力，他觉得真是无聊。他时时警告自己，光阴似箭，如不善为爱惜，则会老大徒悲伤矣。

戴安澜将军的学习尽管是以自学为主，但他极为重视拜师求教，谦虚好学，不耻下问。他认为学不可无师，师之可贵在于解惑。所以一定要尊师重道。他在小时候学习古文时已经知道了这个道理，在实践中得到的体验更使他有极深的感受。

为了学习英语，他请了一位为了抗日而参加军队的东北大学生焦沛然做他的老师，一周上六节课，每天上课80分钟，并按焦老师的要求，十分认真地完成布置的作业。由于焦老师教的细心，戴安澜将军学得专心，因而学习进步很快，解决了入门的问题。以后他持之以恒地学习，连续4年多，英语水平不断提高。当戴安澜将军率军入缅后，已经能够做到与英军直接交流，这是他多年坚持不懈学习的成果。戴安澜学数学也是如此，他请部队的参谋给他批改作业，遇到困难时向他们求教。

戴安澜将军经常向汽车连、防化连、重机枪连技术好的连长们求教有关汽车、防化武器和重机枪的构造原理及使用方法。开始时，这些连长们看到师长来求教都感到十分惶恐，都说："师长职位比我们高，军阶比我们大，我们怎么能教你呢？"戴安澜将军真诚地对他们说："知识是没有军阶的，我会，我就是你们的老师；你会，你就是我的老师，你们大胆地教，我一定认真学。"一番话打消了连长们的顾虑，在无拘无束的气氛中，他们向师长讲解这些武器装备的构造、原理和使用方法及用途。戴安澜将军很认真地学，不长的时间就掌握了这些武器装备的原理和使用方法。他这种拜师求教的学习方法，不仅使他的知识大增，也使他和部属们的关系融洽，获得了大家的尊重。

戴安澜将军认为不要为了学习而学习，而是要学以致用。他对官佐们说，我们今天在军言军，所求学问应以军事科学为主。学习的好坏，学习的水平高低，应与敌人军官比美为准绳，至少相当，而且应有超过的决心。他进一步地分析，今日战争为知识战争，以大智临大愚，未有不胜；以大愚当大智，则未有不败。从中国和世界的军事历史上可以证明这一点，也从我们抗战以来的自身经历深深体会到这一点。他希望大家在学习过程中要牢牢记住学以致用这一点。

戴安澜将军还要求在学习中要扎扎实实，不图虚名。他指出，一个人要有成功事业和学业，决非侥幸，必须有真实能力，这样才能达到事业和学业的更高境界。他提倡多用脑力，并求缜密，注意小事，力持大体。他以为空口叫嚣，侈言组织，无济于事。出现这些问题都是坏在好高骛远，不求实际，在学习上似乎样样都懂，然而是一样也不精。在抗日战争的艰苦时期，他对一些年轻的学生说，努力扎实学习，打好基础，也是救国报国的一条途径，关键是在于自己的努力，要以能够做到与外国人并驾齐驱为标准，这样国家才能有长足的进步。他对这些青年学生说，在学习上，要反对空谈和不求甚解，或学成皮毛，又不求实质，这是学习的最大忌讳。

戴安澜将军不仅自己努力学习，还关心周围人的学习。他的妻子此前是无为山区王家的一位目不识丁的农村姑娘。他们结婚后，戴安澜将军为她取名荷心，意思是作为一个军人的妻子，必须有含辛茹苦之心及坚韧精神。戴安澜除自己勤于学习外，同时也为妻子补习文化，授以新知，为了让妻子能到补习学校学习,他同意妻子以尚未结婚的身份到补习学校,得以天天听课读书。在他的关怀下,妻子十分努力,进步也快,他十分高兴,第二年即为妻子更名为荷馨,嘉其自发馨香。在戴安澜将军的熏陶下,王荷馨女士不仅在学习上不断进步,而且十分通情达理,对子女教育有方,把家中安排得井井有条,戴安澜的同僚、部属都称赞王荷馨是一位贤妻良母。

戴安澜将军非常关心青年人的学习,经常对青年人说,现在国家多事,年轻人要多读书,将来才有作为,才是国家民族所需要的人。对于那些素质好、有前途的青年人,他十分乐意按照他们的要求介绍他们进入军校深造,他说这样就可以为国家作出更多的贡献。他曾经接触过一些青年,他们受过高等教育,学历很高,但他们都留恋家室,不肯到社会实践中去,不肯进取,他认为这些青年所学的知识都是无用的,都不适合社会的需要。

戴安澜将军还十分重视士兵的学习和娱乐,关心士兵的教育,积极支持部队自己创办的《战鼓日报》,为《战鼓日报》出版题词:

普通刊物是代表大众之呼声
军队刊物是抒发官兵之心情

鼓励和肯定《战鼓日报》对官兵的教育作用:

主义贯注　振奋精神　学术研讨　熟练求精
二者并具　自成干城　战鼓一响　歼灭倭兵

在二〇〇师时,经常组织部队开营火晚会,在晚会上演出《放下你的鞭子》、齐声高唱《松花江上》等节目,鼓舞大家的斗志。他有时客串演京剧《打严嵩》中的御史邹应龙,借痛打奸臣严嵩,以抒发自己的忠贞爱国之志。他还要师部拿出一定经费,给每连购买一套锣鼓等娱乐器具及许多纸笔文具,提倡正当娱乐和识字教育,这对于提高士兵的学习兴趣和自身修养都起到了积极作用。

热血真情

戴安澜将军忧国忧民,时时处处先国后家,做事十分严肃认真。然而他却又是一个满腔热血极富感情的人。他有着子女对父母的爱,丈夫对妻子的爱,父亲对子女的爱,官长对部属的爱……他的这些爱是融化在他对国家、对民族的衷爱之中,是真心诚意的挚爱。

戴安澜将军牢记着父母对他的爱,父母的养育,使他感激不已。父母因他的军旅生涯,危险极多,因而常为他默祷,愿以减寿来保佑他的安全,戴安澜将军更是深感罔极深恩,莫可名报。他不仅在心中时时挂念父母,还经常于紧张的战斗中写信回家问候双亲。为避开日寇的检查,他想出用着戏装拍照寄回家的办法,以报平安,并禀告老母,由于责任所寄,不能承欢膝下,但孩提之心,常在老母左右。孝子之心,感人至深!

戴端甫老先生是戴安澜将军的叔祖父,戴安澜将军幼时即得端公的培育。二人虽为公孙,但情同父子。戴安澜将军对端公的感情之深,难以言状。当部队远征入缅之际,忽闻端公仙逝,真令他有万念俱灰之感,饱尝人生苦味。悲痛之余,他告诫自己要学习端公一生热肠古道,淡泊自甘的精神,认为这些精神,堪为后世法者,至少可为戴家家训。因出国在即,责任重大,不能亲自奔丧,他要亲朋安排好端公后事,并在信中详细逐一交待。他在痛哭声中写成挽联一副,联云:

海外赴长征,方期歼厥渠魁,光复河山承色笑;

滇陲闻噩耗,回念栽成大德,誓遵庭训慰神灵。

对恩师先辈的赤诚之心,跃然纸上!

戴安澜对妻子王荷馨怀着深情的爱,虽然妻子是一个贫苦农家的姑娘,但婚后他们相敬如宾,双方以兄妹相称,互相照顾,无微不至。在昆仑关战斗中,戴安澜将军负伤后,由战场到柳州治疗,他的随员将这一消息通知了在全州的王荷馨,戴安澜知道后,首先想到的是,贤妻闻知一定会非常焦急。当妻子王荷馨听到戴安澜将军负伤的消息,则不顾遥远旅途的疲劳,携子女连夜由全州赶到柳州。二人见面后,相对黯然。最后还是王荷馨强颜为笑,讲述途中汽车出故障误时之情形,以打破沉寂的局面。这时已近深夜。

婚后,戴安澜将军将家中一切都交与妻子王荷馨,当他有机会与妻子儿女家人在一起时,极为快慰。伤愈后一天上午,戴安澜与妻子王荷馨率子女覆东、藩篱、靖东由桂林村返回全州,其时为4月,沿途的杜鹃花遍野,极为美丽。看着这春光美好的景色,戴安澜让车停在山路旁,带着孩子采折了不少杜鹃花,插于车身四周,轿车成了一部漂亮的花车,藩篱、靖东极为欢乐,看着孩子兴趣盎然,他感到无限乐趣。下午回到全州家中,见到端公夫妇十分康宁,深为欣慰,他感到与家人、妻子儿女团聚、欢乐无限,由衷地叹道:我今天是完全浸润于天伦之乐园也。

远征缅甸前,戴安澜将军带着覆东在下关旅社度除夕,只有弟妹侍奉,妻子带着靖东、澄东寄寓昆明同事家,女儿又不在父母身边,整个家庭是以他为中心,大家在挂念他,他也对大家十分思念,亟盼明年今日老幼团聚,一起共度除夕。他想,只要打败了日寇,明年今日能如愿实现这个理想。当远征缅甸时,孤军深入同古,誓与日寇血战到底,在戴安澜将军决心为国战死所留下的遗书中,向妻子托付了抚老育幼之任,充分表达了对妻子无限的爱和信任。

戴安澜将军深深地爱着自己的子女,他要做一个英雄的父亲,让子女们感到自豪。他对子女们说,父亲好比太阳,母亲好比月亮。太阳因光线的辐射,其真面目虽不易观测清楚,但其温暖之心,则所照临之处,靡不沾其恩惠。父亲因人事纠缠,对家庭态度,偶亦失真之处,但其内心,则如太阳一样公正而慈惠。母亲则好比月亮,月光灿烂,和蔼可亲,其始终之面目,任人辨认,母爱之伟大,就在于此。

长子覆东小时候在湖南辰溪病重时,戴安澜与王荷馨守候在孩子身边,戴安澜甚至愿以自己生病来求得儿子的康复。女儿藩篱在戴安澜将军率军出国远征缅甸时,提出要买皮鞋,他答应了。在战斗紧张激烈之余,他写信回家也不忘自己的承诺,答应打完仗以后回来一定给女儿买皮鞋。二儿子靖东,在他出国远征前夕,经常生病,时重时轻,在军队训练之余,他的心情随靖东的病情而波动。对子女的爱心可谓是如海洋之宽广。

但是戴安澜对子女的爱不是溺爱,他希望自己的子女要成为于国于民有用之人,因此,要求十分严格,经常写信教育长子覆东要锻炼好身体,要学习好功课。当覆东住校时,戴安澜星期天与妻子王荷馨一起看他,指出被子没有按规矩叠好,

覆东回答说,今天是星期天,不检查。戴安澜立即指出,这样的想法和做法是不对的,并说不管在什么时候都要按规矩办事。

同时,他又表扬覆东在星期天自己洗衣服的优点,使得覆东既感到羞愧,又感到高兴。这些点滴小事,都使孩子受到了深刻的教育。戴安澜率军驻全州时,全家都住在一起,他命令士兵们不许称自己的孩子是"少爷""小姐",也不让子女坐他的汽车,

以免沾染官宦子弟的习气。这些要求和做法是他对子女真心实意的爱。

戴安澜对部属、对士兵也十分爱护。凡是和戴安澜接触过的人都说他平易近人、和蔼可亲。特别是那些下级青年军官，在未见到他之前，都以为他是长官，又是战将，难以接触，可是一见面，他满面春风地迎接他们，态度诚恳，使得他们紧张的心情很快放松。通过交谈，他对青年军官的情况有所了解，对他们不时给予鼓励，并提出希望。对于这些青年人的生活习惯，戴安澜也十分关心，经常了解他们的生活情况，如果饮食上不习惯，他会要求伙房尽可能按照他们的口味去调理，予以照顾。他经常和这些官兵在一起，讲故事给大家听，通过讲故事寓教育于其中。

在对待士兵的问题上，戴安澜十分宽厚公正。在一次审讯士兵殴打官长案时，该士兵所在营的长官，多次要求将其枪毙。戴安澜就对他们说，这个士兵是犯了法，但是如果不问清原委，也不管案情的轻重，动辄以枪毙处置，实是社会不安定的主要因素。戴安澜进一步对他们说，对这种问题的纠正办法，唯有养成守法遵纪观念，上下相维，行动便不会越轨。

有一次，戴安澜训斥一名违纪的士兵，说着说着来火了，挥手要打，这名士兵一看不好，便一溜烟地跑了，他追了几步就不追了，直说："可恶！可恶！"在戴安澜身旁的见习军官对他说：这个士兵太不懂纪律了。戴安澜笑着说："士兵知道我的脾气，跑了没事，士兵太苦，操练繁重，得不到休息，犯了纪律，说说算了，打他做啥？"

在华北战场时，天气变冷，而士兵却仍着单衣，无棉衣可以供应，戴安澜带头捐款，为士兵制作棉衣。在他的带动和影响下，团营连各级军官也纷纷捐款，帮助士兵添置棉衣。

在湖南整训时，在一次攻守的演习中，士兵的手脚被作为防护工具的山柴刺伤多处，鲜血淋漓，戴安澜看后，极为痛心，立即要求各部队将演习场上的山柴头都要做成钝形，不得刺伤士兵，如果不按命令做，仍然使士兵受伤的，所有的医药费，由士兵所在部队的连排长负担。可见他爱兵犹如慈母。

戴安澜对于官佐的要求则十分严格，且赏罚分明，决不宽恕。在三十一集团军主持军官大队时，戴安澜对这批年轻的军人十分关心，和他们同吃同住，既是长官，又是教官，晚上查岗查哨，夜间到宿舍帮助学员盖好被子，使得学员们深受感动。

但同时，他对学员们的训练、学习要求十分严格。在军官大队从河南向湖南转移时，长距离徒步跋涉十分艰苦，有两名学员瞒着队部，以"军事第一"为名，私自征用民船，并偷偷鼓励其他学员搭船。民船航行到武汉，他们却分文不付，下船后扬长而去。戴安澜接到船民举报并查实这一情况后，宣布将为首分子送军法处惩处。同时又组织学习讨论，让学员们认识到这种违反军纪、骚扰民众的行为是十分严重的错误。

戴安澜用希腊神话中巨人安泰双脚若离开地面则所有的力量将要丧失的故事来教育学员，他说，军队和民众的关系，恰如巨人和土地的关系，军队离开了民众就一定要垮台。他语重心长地对大家说，你们现在是学员，但不久就要成为官长，官长如此，兵又怎能带好？要取得抗战的胜利，总离不开一支纪律严明的军队！通过严肃的谈话使大家受到了教育。部队到达湖南后，两名为首分子也认识到自己的错误并有悔改表示，戴安澜将军看到这一情况，又考虑到抗战需要人才，对他们进行严肃的批评教育以后，随即派到部队去锻炼，经受战火考验。对于这一事件的处理，给军官大队的学员们留下了深刻的印象，他们由衷地感谢戴安澜将军对他们的教育和对他们真诚的爱护。

戴安澜将军是一位普通而伟大的英雄人物。普通就在于他与常人一样，有血有肉，情感丰富，有着常人之所想、所爱；伟大就在于他有理想、明大义，对祖国、对民族赤胆忠心，并能以此来严格要求自己，在实践中不断进取，不断前进。他的生活目标是要为祖国的强大、繁荣、昌盛去努力工作、学习、奋斗，并为此贡献自己的一生。

戴安澜将军一生的光辉业绩将永载史册！他将会永远活在人民的心中！

附录一
戴安澜将军遗文

自 讼

自 序

"为什么要自讼呢?"有人这样的问。

"这理由很简单。"我说,"一方面是为检讨过去的缺点,一方面是确定今后生活的正当途径。"

我们知道,人生总循着曲曲折折的路线,而达到它的终点。断不会一直如矢地前进。不过因为每个人的禀赋不同,他所经过的周折也就多少各异罢了。我的生活过程曲折很厉害。有时像一个苦修的志士,有时却又像一个纨绔的弃才。这样激荡的生活,占去了我三十年的时间。

到了三十岁那一年,我自己从头到尾的打算一下,觉得过去的一切应该是永远地过去了,此后当遵照正确的路线向前迈进,再不能有所徘徊,有所瞻顾的了。谁知时逾四年,潜伏在心之深处的恶劣的种子,总是像野火烧不尽的草根,春风一吹,又蓬蓬勃勃地滋长起来!如果像这样下去,我这一生便将永远地废弃,永远地沉沦,而至不可收拾。因此抱了尚友古人的决心,要把一切存留在天性中的渣滓,排除净尽,于是写此自讼,以作时时警惕自己之用,信笔书来,未计工拙,有无价值,非我所敢断言。所以付之铅椠者，无非是一点敝帚自珍的意思而已。

一个久雨新晴的早上，我为排除许多天来胸中的积闷，在晨光熹微的时候，披衣下床，走到门前的河岸上，极目四顾，仰天长啸，想把多日来纠缠着我的恶劣心情洗刷一下，以恢复光明和健全的本能。果然，呼吸了几分钟新鲜空气之后，鲜明为之泰然，眼中所有看见的尽是生意葱茏的春色，耳里所听到的是发人深省的不舍昼夜潺潺的流水声音，污浊的排除，已经收到十分之九的效果。可是，就在这一刹那间，对面河岸，丛石中有几株鲜艳的山花，向我作深意的微笑，那意思仿佛在说：

"你这个傻子，何必那样自苦呢！人生有几个春天，美丽的阳光是稍纵即逝的。'有花堪折直须折，莫待无花空折枝'的金缕曲，你不是读过的吗？可见人生建功立业的机会和优游行乐的机会，都是一样的容易过去啊！若说建功立业，以中国四万万人，具有你这样的才能的，可是恒河沙数。你就是努力，也是九牛的一毛，敢说有特殊的建树么？若为你自己打算，抱着行乐及时主义，那么，摆在你周遭的，都可供你任意取用，你又何必舍近求远，去易而就难呢？……"

我在这个暗示之下，心里不禁又摇曳起来，一面感觉整个国家民族正遭逢着空前的灾难，我们是应运而生，肩负着挽救国家民族于危亡的光荣责任。何况我们现在是退处一隅，国家破碎，祖宗的坟墓在敌人践踏之中，父母兄弟诸姑姊妹委于敌人之手，驱除胡虏的责任，我们不负，又要给谁？就退一万步说，我们苟安偷生，在这样大时代中一无表现，自问自己的人生也不免毫无价值。一面又感觉光阴如逝水的奔流，一个人由少而壮，由壮而老，也真同闪电一般的迅速。回想幼年和少年的景况，是历历如在目前，而今呢？不觉已届中年，一转瞬间，不知老之将至。如果为自己说，人生行乐须及时，这也正是机会呢。

　　理欲交战之下，彷徨四顾，不能做一个最后的决定，以此穷思极想，上溯往古，下察来今，打算寻出一些实际的例子，做我确定人生观的蓝本。但是"上穷碧落下黄泉"，结果却"两地茫茫皆不见"。坏了！人家还等我仲裁哩。没有结果的退庭，两方是不愿意的。

　　正在左右为难，犹豫莫决地恍惚眼前变换了另外一个情景，移去我眼底原有的印象。

　　一个小小的行列从山峰下冉冉而来。这一行列中最先的一个人是古代王者的装束，形象相当的颓唐，手挽着一个云发髻半、春情满面的少女，口中不住地念着：

　　　　花明月暗笼轻雾，
　　　　今宵好向郎边去，
　　　　刬袜步香阶，
　　　　手提金缕鞋……

　　走在他俩后面的是一个丰容盛发、三十上下的美妇人。她的神情是愉快里含有忧愁。也晏声吟哦道：

　　　　云想衣裳花想容，
　　　　春风拂槛露华浓，
　　　　若非群玉山头见，
　　　　会向瑶台月下逢。

　　又连连问走在前面的男子说：
　　"我们的太上皇近来安好么？"

那第三个人是醉态郎当,双眸迷漾,身边挂着个酒葫芦,后面随了一个负琴的童子。第四个人是睡眼惺忪,行走颠扑,下颚朝天,胡须满面。第五个是遍身绮罗,意气轩昂,一边摩挲着衣带上悬挂的一串金钱,一边回顾向跟在身后的一个丰姿绰约的少妇说:

"怎么不响?又想起咱们那座园子了么?"

那少妇后面的是个书生模样,高视阔步,边走边向前后左右做怪眼。再后面是一位面团团、笑疙瘩的老头儿,一面孔满不在乎的神气。这十个人都是博带峨冠,羽衣翩跹,分辨不出是什么朝代的人物?

奇怪的是走在最后的却是一个穿着现代军人服饰的中年男子。他随着这一行男女缓缓而前,一会儿低头看着脚下,没精打采;一会儿抬起眼睛,看看四周,眼睛灼灼地闪动一下,随即又埋下头去。看那模样似乎已经迷失了本来面目,飘飘荡荡地只随着别人行动。

这一行人行到一株亭亭的大树下,迎面来了一个隐士风度的老人,面容清癯,衣履朴素,步态凝重。他手里捧着一卷书,一面走,一面翻阅着,精神很是专注。听到前面有脚步声和人语声,老人抬起头向那人看一下,那敏锐的眼光仿佛要射到他们灵魂里去。看了一看,他马上又将目光移到手中的书卷上去,脚下面同时加快了脚步,稍稍地侧过身子,想让过他们,向前走去。

但是在这行列中穿王者服式的男子先向他招呼:

"啊,孙武子,你早呀。"

这老人听了,只得站住了,微微颔首说:

"后主,你早!"

"孙先生真不惮烦,清早就捧着书本。请问看的是什么书呢?"后主也停了脚步问。他一停,整个行列也就停止了。

"没有什么,不过是拙作的几篇兵法。"

"你自己著的书,还用再看么?"

"我要使我的学说能够有助于后世的子孙,但恐怕时代变迁,中间有因时制宜的地方,因此不时地查点查点呢。"孙子严肃地回答。

"是这么样么?我说,孙先生,您歇歇吧。"后主有点轻率地说了出来,"你不是把你的学说传给了吴王阖闾,怎么吴王阖闾还是兵败身死呢?"

"那不能怪我,那是吴王不用我的学说。"孙子微带苦笑地说,说完理理书卷。再看看前面,意思想就此告辞。

那睡眼惺忪的人却冒失地接上去问他:

"孙先生,你说吴王不用你的学说,他到后来兵败身死是他自己的错,怪不着你,但是我研究了你的学说,为什么也会死在落凤坡前呢?"

"啊,你……落凤坡前?……"孙子转过头看着他,迟疑着不说下去了。

"这位便是凤雏庞先生。"后主代为介绍说。

"啊,庞士元么?这也是你自己错误,不好怨我……"

"孙先生,怎么也是我自己错误了呢?"庞士元不服气地说。孙子挺一挺胸,将握着书的手向他一扬,断然地说:

"我的兵法上不是说:'兼葭医荟,此为伏奸之所,必谨覆索之?'做事前不打算,到了落凤坡才知道中了埋伏,这不是你自己错了是什么?"

"那是意外哩!"

"意外?"孙子笑笑,"你头天夜时和刘备饮酒太多,又睡得太浓,所以你就失算了。"

"照你这么说,做军事工作的人连睡觉的权利也没有了,不是吗?"

137

"不是那样说。你是睡得太多了。像你卧治丰阳,那是在平时,日常政事没有什么变动,尚且会废时失事。治军也抱着卧治丰阳的态度,你怎么能不失败呢?"听了这话,士元的脸不由得一红,可是仍不服输,摇摇手又说:

"那么,我的事且不说,请问从你的学说问世以来,凡是治兵的人没有不加以研读,可是研读了你的兵法而终不免于兵败身死的究有多少人?"

"你怎么不说成功的呢?像霍去病、谢玄、李靖、薛仁贵、岳飞、戚继光,他们不都是拿我的学说成就了盖世的勋名吗?凡是失败的,可说都是由于不相信我的学说,或者相信而不会应用我的学说。我怎能替他们负责?"

刚说到这儿,孙子看见一行人都转头望着远处,他也停了话头向那方看去。原来树林那边又有一行六七个人向这边走过来。

那六七个人似乎也看见了里面的一群人,就加快了脚步。不一刻,走近面前,内中有一人紧跑两步,到孙子身边恭敬地立住,说:

"先生,你果然在这儿,昨天先生分派我们的功课,大致已经就绪。刚才寻到府上,童子说先生一早出门散步,是朝这个方向而去,所以追踪而来。"

"很好,你们来得正巧。"孙子说着转头向庞士元,"你如不信,这几位就是证明哩。"

后来的一行人都看看孙子,又看看庞士元一群人。

"你们不明白么?适才闲谈,庞君说他兵败落凤坡,应归咎于我的学说,你们看如何?"

这时,原来的一群人看见对方来了许多人,这一场舌辩是相当地严重,不能单让李煜和庞统应付了。那酒态郎当的人便接着说:

"我说,孙先生你不必找来你许多高足给你帮忙。据我看,弄兵的人,不管成功还是失败,都是与人类有害无益,请看无论哪一个时代,只要是兵连祸结,到头不总是两败俱伤吗?"

"刘先生,像你成天沉湎醉乡不够,还要大写其酒德颂,这是与人类有益么?"孙子含笑反问。"对了,孙先生。"刘伶眨眨眼,"我虽然好酒,却是自适其乐,与世无争。即使与人类无益,谅也不致于于人类有损吧?"

"不至于于人类有损吗?我们汉族子孙今天所受的灾难,一大半恐怕不能不归功于千百年间,一班自命名士风流放诞不矜细行的人所留下的流风余韵。请问今天国势这样的阽危,还有多数人醉生梦死,一味享乐。这些先生们给予后代的影响该有多大啊!"后来一群人中有一位忍不住滔滔地说开了。"卫公,你太恭维我们了。今天汉族这样阽危的境遇,责任应该我们来负么?请你举出几个例子,指教指教。我只知道我是自适其乐,绝不会有偌大影响的!"刘伶有点愤愤地回答道。

"指教二字,不敢当,不过像阁下这样自适其乐,不与社会分工,一般读几句书的不免争先效法,久而久之,就造成了整个社会上士大夫阶级息情自安、沉湎酒色的风气。前天有一个敝友造访,偶尔谈起近来子孙们情形,据说目前社会上流行着一句警语,说是'前方吃紧,后方紧吃'。相对太息。推本追源,对于始作俑者,实在不能不有所遗憾哩!"

那一直保持沉默的中年美妇人,这当儿向前走一步,绷着一副丰腴的娇脸插进来说:

"沉湎酒色吗?卫公,请不要出口伤人!古语说得好:'酒不醉人人自醉,色不迷人人自迷。'像我们女人,尤其不愿听人动不动就说'沉湎酒色'啊!"

"你不愿意,那也没法。这是铁铮铮的事实,我辅佐太宗皇帝,费尽九牛二虎之力,才创造了唐朝锦绣河山。到了三郎,本来是可以有为,谁知你进宫以后,今天霓裳羽衣,明天温泉共浴,弄得三郎神魂颠倒,才酿出安史之乱。如今说起来,还不免令人痛惜哩!"

他们正在辩论间,那个穿着现代军官服饰的中年男子似乎打个冷噤。瞿然抬起头,神色仓皇。举足踟蹰,好像要悄悄地离开他原来所跟随的一群人的样子。"卫公,你的意思是说明皇为我迷惑,才造成安史之乱。这才怪哩!我迷他?我本来是寿王妃,他自己定要把我撮弄进宫,自从我进宫,他自己怠惰起来,这可和我有什么相干?我真不明白。"杨太真接着说。

"不错,三郎是自己迷恋你。可是现在事过境迁,我们不妨直接痛快地说!你假如能利用夫妇燕私之好,将他导入情爱的正轨,不流入色欲和低级享乐的追求,做到乐而不淫,我想三郎的天资是不坏的,不会弄到那样结果,你觉得是吗?"李靖说着,态度温和而严正。

"卫公,你的话太侮辱我了!我已经说过明皇他自己要迷恋我,我岂有迷惑他的成心?你的话好像是说明皇迷恋的时候,我应该拒绝或者应该自己残贼身体,这样他便可不为惑了。可是你要知道,在我们女人,美丽就是命运。一个人能自己残贼自己吗?退一万步说,我就是自己残贼了,他不能再找一个比我更美丽的女人么?你不怪他,只责备我以色媚人。那么,请问,卫公,你为什么要那私奔的红拂呢?"杨太真忿忿地一口气说了,一双俊眼盈盈地盯着李靖,盘在鬓发上一株珠凤微微地颤动着。

"同你们女人们说话真难,一缠就缠到夹缝里去了。"李靖微笑着说,摸摸他那疏秀的长须,"我先前不是说过,要乐而不淫,才是夫妇居室的道理!我要红拂,是图夫妇的宴安。红拂可并没有损害我的事业。说句不见怪的话,并不曾像你一个不足,还引出大姨三姨八姨来,整天地围在宫闱里逗引三郎堕落。难道虢国夫人与三郎苟且的事,你真的不知道?你要是明知故昧,这话就很难讲了。再说你用情欲的网缠住了三郎,又进而连腥胡异种的禄山也包容在内,平地兴波,惹出渔阳之乱,这以何解释呢!"

杨太真给李靖揭出了她的隐私,正在羞赧欲涕,那满身华服的人手挽着那个女子走向前来,对李靖略一点首,说:

"药师先生,你不用一味责备杨妃,明皇也不能没有错。如果说女人一定能迷惑男子,未免冤枉。像我的绿珠,她并没有迷惑我,可是我总舍不了她。后来孙秀要强夺她,她也不置可否,但是我不能让她去。结果她坠楼而死,我也财尽而亡。像我这个例子,能怪女人吗?总而言之,女人固然可迷惑男子,男子也是咎由自取。我想如果个个都像你们霍大将军'匈奴未灭,何以家为'的话。哪会有这些是非哩。"

"这才像句话呢!"杨太真得意地说,轻轻地嘘了一口气。

"你吗?满脑子黄金美人,结果是被天下人耻笑。季伦先生,你还是免开尊口的好!"霍去病出乎意外地给石崇一个小的钉子碰。这一下是石崇意想不到的。他顿时面红耳赤,不知如何回答。沉默了一会,他遏抑了情感的冲动,强作笑容说道:

"霍将军,你也未免太自尊了些!我刚才不是称许你吗?不想你却报以恶声。老实揭穿了说,请不要以为你那'匈奴未灭,何以家为'的对语,有什么了不得。其实你还是为了热衷功名。才说出那样不近人情的话,做出那样不近人情的事。先儒说过:'食色,性也。'食色既是人性所必需,试问没有金钱,哪里谈到食;没有女人,哪里谈到色?金钱和女人是人生所必需,我就爱黄金美人,也不至于有损我的人格吧?再说你那样的主张和行为,你自己以为满意,其实你的母舅兼伙伴卫青,他都不表赞同哩。"

"阁下未曾闻道,无怪说出话来,只知道你一己的歪曲理论。

所谓'食色,性也',恐怕不是像你那样解释的吧?要知道人的权利固然是该享受的权利,人生的责任更是应该尽的。一个人能为所尽责任而牺牲自己应享受的权利。难道不算崇高?你自己难免'为富不仁'之诮,还编派别人不近人情,真是悖谬之至了。你还要知道,孔子在子贡问政时说过:'足食足兵,民信之矣。'子贡问:'必不得已而去,三者何先?'孔子说:'去兵。'子贡又问:'必不得已而去,二者何先。'孔子说:'去食。''自古皆有死,民无信不立。'可见'食'不一定是主要的条件了。孔子还说过:'吾未见好德如好色者也。'由这些话看来,可见人生真价值所在了。你既不很明了人生的大道,还是请少谈这些话吧?"

霍去病说到这里,石崇还待争辩,绿珠在后面牵牵他的衣服,低声说道:

"不要和他们辩白了吧:我觉得他们的话太锋利了。人各有志,何必相强?我们还有许多要算的账目,搁置许多日子了,再不算恐怕更会错哩。"

石崇点首默允。

"季伦先生,你不要再谈人生也,再谈下去你的绿珠也会嫌你了哩。"李靖微笑地看着他俩说。

"你们争辩些什么,叫人听着不耐烦!"带鼻音的谴责从侧面抛过来,却原来是那爱做怪眼的一位。"你们觉得各有道理一大堆,其实全是一派废话。我看你专打算黄金和美人,固然是污浊;他所说的功名和事业,也是无聊,一个人为了黄金美人去打算和追求,是降志辱身;为了功名事业而放弃人生应享的权利,也是矫揉造作,都无可取,都无可取哩!"

这位先生一面说,一面摇头晃脑,直翻白眼,气概不可一世。于是恼怒了另一群的另一位,亢声问道:"尊驾话是说了,我们还不知道尊姓大名呢?"

先说话的那人定睛看时,这问话的年纪并不大,丰神挺秀,眉宇间英气扑人,便答道:

"不敢,在下姓阮名籍,阁下尊姓台甫,到也似乎未蒙见示哩!"

"啊!原来是有名的白眼阮嗣宗先生,今日幸会了,我便是谢玄。"

"原来就是以八千人破符坚于淝水的谢叔度。我觉得和你也是幸会呀!"

"幸会虽是幸会,你的高论我可不敢苟同哩!"谢玄接上了刚才的话头。

"到要领教。"阮籍说。

"人生应该遵循的路线不是一共有三条,所谓'太上立德,其次立功,其次立言'吗?你说爱黄金美人的是污浊,我倒赞成,你说寻求事业功名的是矫揉造作,恐怕有商讨的余地。"

"我认为生为士大夫,应该有他清高的抱负,所谓清高抱负,即是天子不得以为臣,诸侯不得以为友,布衣可以傲王侯,这才显出士大夫本色,像那爱慕黄金和美人的,其人格卑鄙不堪,自不待言;热衷功名事业的,日日趋候于权贵之门,我看也不是什么高风亮节吧!"阮籍说着,又连连地翻白眼。

"嗣宗先生,你的意思是认为像你自己一样行为的人,就是清高,是不是?请容我不客气地问你一句:你的清高在哪里?你是身当国家多事的时候,对国家一点责任不尽,只是一味地猖狂,表示你的淡泊。如果没有淝水一战,符坚百万大军直下江南,不知道你能拿白眼或清谈把他们吓走不能?像先生这样专鹜虚名,不求实际,至少在精神上已经犯了误国的罪行,很应该深自敛抑才是。还要信口雌黄,说人长短,窃以为先生不取呢!"

谢玄说完双目炯炯地注视着阮籍。后者正想申辩,忽然那始终未插一言的面团团、笑嘻嘻、满面无所谓的神情的老者叫了出来,一面还用手指着前面:"看!看!那只鹰,怎么回事呀?"

大家都向他指的地方看去,只见一只大黑鹰从天空中溜溜地斜落到草地上。随即有一位气宇昂然的雄赳赳的中年武士,轻装执弓,大踏步由树林里跑过去,一把捉住那只拍着翅膀的鹰,高高地擎到眼前,笑着说:"看你跑到哪儿去?"

"好箭法!我道是谁,原来是他!"谢玄自个儿说。

"薛将军,你也太勤苦了,他们在这儿辩得不得清头,你却还忘不了你的老营生。"那老者招着手说。

那武士见这面许多人便走了过来,含笑和他们一一为礼说:"穷骨头耐不得闲,真没有办法。诸位在辩论什么?真好兴致。我总觉得事实胜于雄辩,坐而言不如起而行哪。"

说着,他将弓收入袋中,又从另外一只袋里拿出两只雉鸡,提着向那老者说:"长乐老,我的成绩不坏吧?"

"这正是你三箭定天山的绝技呀。"冯道翘着一个大拇指说。

"这不是三箭定天山,我另换了三个靶子了。"

"换的是什么呢?"

"第一个是高丽,第二个琉球台湾,第三个是手持膏药招牌专卖假膏药的强盗的巢穴。"

"亏你想得到。"孙子说,频频地点着头。

"那又算什么?能挽三石弓,不如识一个丁字哩。"阮籍没好气地说。

"你读了几句书,敢这样的夸口?"薛仁贵半开玩笑地问。"不敢,自问于经史,是无所不通。"

"好,你既通经史,应该知道经史所以致用的道理。"薛仁贵说。

"要致用就要做官,而做官恰巧不是我的素志!"

"你不愿做官,就应该做事呀。"

"做事烦劳,哪有我这样自在?"

"都像你这样,天下兴亡的责任交谁负责呢,请问?"

"天下兴亡的责任是热衷的人负,我们才不管哩。"

"你这是汉奸的口吻!"薛仁贵、谢玄同声地说。

"嗐,汉奸口吻,你们知道子路不见重于孔氏之门的事实么?我对你们这样的批评,真是'圣人复起必从吾言矣'哩,老实说!"阮籍大声地叫了起来。

他们说得起劲,没在意一位衣冠古朴、须眉皓然、面色红润的老翁,牵着一匹硕大无朋的青牛,徐徐地走近他们。

"圣人——圣人——圣人不死,大盗不止。嘻,嘻……"老翁接着阮籍的话说着。眼睛也不看他,只顾弄着手里牵牛的绳索。

大家全惊异地注视着他。不知是谁冒失地说:"这头牛好壮。"

"不这么壮。"老翁悠然地说,一手珍爱地抚摩着那牛的脖子,"能驮着我千山万水,跋涉江湖么?"

听了这话,众人都瞿然,连那放荡不羁的阮籍也不禁肃然起来,恭敬地问:"老丈莫非是老……"

老翁微点一下头,和蔼地问:"你们在说什么呢,怪起劲的?"

"我们说的话很多了,总结起来,就是一句话:辩论人生的态度。"孙子走向前恭谨地回答。

除了孙子、谢玄、薛仁贵、阮籍以外,李靖、霍去病、岳飞、戚继光听说来的是老聃,一齐趋拥前来,依次拜见,李后主、杨太真、庞统、刘伶、石崇、冯道也蹒跚而来。

那个现代中年人听他们先前的辩论,警惕已深,自感跟随原先的一群人,实在是相当的困厄,痛苦异常。在他们走向老聃的时候,默默地跟着孙武子这一群人后面,不想,让杨太真看见了,含笑伸出春葱般的纤手向他招了两下,他又不自主地迷迷糊糊起

145

来。犹豫了一会,终于垂着头悄悄地退回原来的地方。

老聃和他们一一行礼之后,开口说道:"人生的态度还用讨论吗？'民吾同胞,物吾与也',就是说人要以悲悯的胸怀来拯救世界和人类。"

"我们也是这意思哩！"孙武子一群人同声说。

"拯救世界和人类,这名目固然漂亮,但是事不可为,就只有独善其身了,像你老人家骑青牛过函谷,还不是独善主义吗？"另一群里的刘伶、阮籍说。

"你们算独善吗？一个酒迷,一个狂妄,算是独善吗？"老聃问。

"我好喝酒是不得已呀。"

"你这话只好哄三岁孩子。你一生就沉湎在酒里,还能一生都不得已么？"

"你老人家说什么狂妄。我只觉得社会上的人太污浊,不愿同流合污,所以凡是我不乐意的人,一概拿白眼相对,藉以表示我的厌恶。你没有看见我对人用过青眼吗？"

"你既看不起人,你自己就该做点给人看得起的事才是。嗣宗,莫怪老朽直言,你是一无所长还看人不起,能说有理吗？即使你有满腹经纶,才略冠世,对人白眼也是不对的呀。我不说过'良贾深藏若虚,君子盛德容貌若愚'？这才是养晦葆真之道理哩。"老子含笑责备他。

刘、阮都默然不语。老聃理一理牵牛的绳索,跨上牛背,向大众点头说:"你们再慢慢地谈吧,恕老朽不奉陪了。"

众人都俯身相送。看他走不多远,那边凄凄惶惶地来了一个人,一身行装,满面风尘。那人走到老聃身边,便停下了躬身为礼。众人为好奇心所动,一齐跟了上去,走到那儿,老聃已下了牛背。

"庄周,你怎么也到这儿来了？"老聃问道。

"先生再别说起,自从倭寇到了我的故乡以后,每天都有四大表演……"

"四大表演？什么四大表演？"老聃疑惑的问。

"烧！——杀！——淫！——掳！"庄周一字一顿的切齿地说，说了一个字弯起一个手指，"闹到我们那儿鸡飞犬走，神鬼不安。濠上的鱼被他打吃光了。我也看不成了。我就西溯长江，南下湘粤，不想在这里和你老人家相见，先生近来健康吗？"

"谢谢你，倒还健壮。"

"淮上健儿难道就任那些狗东西胡作非为，不起来抗战么？"岳飞听说日本人在所到区域烧杀淫掳，无所不为，他的头发一根根竖了起来，差一点把他帽子冲掉了，所以插上去就说。

"怎么不抗战？像我们那里的民众，不论男女老幼，都和日本鬼子杀红了眼睛，哪一天不拼命呢？"庄子回答。

"那么庄先生为何不参加抗战，只顾个人逃亡呢？"岳飞紧紧地追问。

庄子用袖子抹一抹额上的汗水，正容答道：

"我出来并不是逃亡。我知道我不懂军事，参加实际战斗，自问是裨益不多。我准备到处宣传，并且到国外去游说，这样既合乎我之所长，同时也许会于抗战有更多的帮助哩。"

"我们愿意听听你的宣传方法和游说动向。"众人同声地说。

"啊，自故乡沦陷以来，我留下我的学生们在那里策动抗战，使敌人一刻不得安宁。我自己就西上川楚，并深入滇黔，然后北出秦陇，东向冀辽，唤起全国同胞，与敌人作殊死战斗。尤其要打破动摇心理，肃清内奸，使全国人心，结成一个坚强的壁垒。以后我们北越长城，走到北海，叫北海之鲲，化为大鹏，奋其垂天之翼。我现在是要经两粤而至南海，再叫南海之鲸，负水而游。与大鹏会于东海，以天上水中合攻，夹击敌人，断其根本，这样一来，"庄子说到这里，用两手大拇指的食指各做一个半圆，用力地合拢来,"在我们国土以内的敌人,就可以——网——打——尽!"

"你的计划是十分的伟大。现在已经做到什么地步了呢?""已经完成十分之九,只有南海没有到。我这就要去哩!"庄子回答,随即转头向老聃,接下去说,"先生,在今日这样的环境下,我们的虚无主义是不能再讲的了!"

"庄周,你怎么也说出这样的错话?我们的主义果真是虚无吗?你不记得我说过'道常无为而无不为'的话吗?所谓虚无,是我们最后理想的境界。以现在情势说,唯有全力消灭了敌人,先确立了民族的生存要紧!"

"是的!我决不多耽搁了,先生。"

"好,你去吧。祝你成功!我马上也到秦陇召集我出函谷以后所训练教育的人民,大家起来参战,那里还有许多青年,我要将他们集拢来,在燕晋齐鲁的平原上布成一个绝大的火牛阵,替敌人安排下葬身之所。我虽老,这点事我想还办得到!"老人家越说越兴奋,腰杆挺得笔直。晨风吹动他颔下的银髯,丝丝飘动。

寂静无哗中,大家感动得几乎流下了泪。

"再见了,先生!彼此努力!"庄子稽首之后,拔步便走。

老聃也重新跨上牛背,缓缓地去了。

庄子没有走上两步,一个不留神,和一个裹扎着双脚,急奔而来的人撞个正着。

"你怎么走路不睁着眼睛呢?"那裹足而奔的人气吁吁地说。

"对不起!我因为事急,走得太猛,误撞地你,抱歉得很!"庄子陪笑说。

"你的事急,我的事也不缓呀。"

"啊,那更对不起了。请教——"

"姓墨名翟,阁下是——"

"原来是墨兄！小弟即是庄周。"

"原来是庄兄！"

"久仰，久仰！"

"失敬，失敬！"

"墨兄尊足走得血水淋漓，从哪里来？"

墨子低头看看自己的脚，慨然说道：

"说来话长。我因为祖国被日寇入侵以后，人民国破家亡，流离失所，我目击心伤，苦痛不堪，就预备把我多年研究所得的攻防机械的图样献给政府，或者于抗战不无裨益。谁知政府搬到四川。我是穷我两足之力，日夜奔驰，久不跑长路的人，没走上几里，就皮破血流。我只好忍痛前进。你不见我衣服的前后襟都扯碎了？这都做了我包裹脚伤之用了啦！"说着，弯下脚去整理脚上包扎的布片。

"墨兄这种为国奔忙，牺牲自己的精神，太伟大了！太伟大了！"庄子连连地说。

"哪里，庄兄过奖了，你也急急忙忙到哪儿去呢？"

"我刚从北海回来，此刻打算到南海去。我叫北海之鲲和南海之鲸，一个奋其垂天之翼，一个扬其倒海之鳍，会于东海，消灭倭奴，我的工作很快就可完成。墨兄，请你赶快将图样送给政府。并且请你转呈当局，无论如何，得保有西北西南和中央，以待内外夹击。"

"你这伟大计划，我真钦佩极了！"

"岂敢，不过聊尽一份责任罢了。事不宜迟，再见吧！"

"再见，祝你成功！"

彼此互道珍重而别。

遥远的山的东面传来一片闷雷似的人语声，夹杂着小孩子的啼哭声与叫饿声，不一会，从山脚的树林外，踉踉跄跄地转过来

149

一个悠长的行列,里面有男的、女的,有老的、小的,一个个衣衫褴褛,形容枯槁,肩挑背负,拥儿带女,那行列像一条受伤的蛇,向这面蠕蠕爬行,后段蜿蜒地隐没在晓雾中,看上去人数何止千万。原来在山峰下辩论的人都惊异得莫名其妙。孙武子为明了事实,走向前问道:"你们做什么的?从哪里来?"

"老丈,我们是逃难的。各省各市的人都有。我们已经这样走了一个多月了!"行列中一个衣冠比较整齐的青年男子,有礼貌地回答。

"可怜,可怜!"绿珠低声叹息。

"为什么逃难呢?"杨太真问。

"夫人,你不知道:自从七七事变以来,日本鬼子占了我们有十个省份,到处淫掠焚杀。我们的田庐荡然,也不知多少生命断送了!我们因为不愿过亡国奴的生活,所以向我们政府所在地奔逃。"

"中国二百万军队到哪里去了?"阮籍说。

"再别说起。兴军以来,我们的军队也曾屡次拼命地打过,可是总打不过他们!"那难民说。

"那是什么道理呢?"

"据鬼子的宣传说,他们军队是'皇军',他们皇帝是'神',他们的人民是'神明的子孙',应该来统治世界,所以战无不胜,攻无不克——"青年难民说到这里,握紧拳头,咬着牙关接着下去,"然而事实上,他们的军队哪里是'皇军',简直是狗军!他们哪是'神明的子孙',简直是最下等的畜生!"

"他们既然那样卑劣,为什么中国二百万军队打不过他们呢?"阮籍翻了一下白眼。

青年难民痛苦地摇摇头,说:"这就很难说了!有一班人说我们中国的军官多数被七件事情迷惑了,所以战斗精神消沉。人家这么说,究竟是与不是,我可不敢肯定。"

"被哪七件事迷惑了呢?"阮籍、刘伶同声含有深意地问。

"据说第一是'女色',第二是'金钱',第三是'酒',第四是'赌博',第五是'懒惰',第六是'空谈',第七是'做官热'。"

阮籍向刘伶做了个鬼脸,说:"如此说来国家危险到了这种地步,还一意地荒淫佚乐,一些以弄兵为能事的先生们,听了也有点惭愧?嘻,嘻!"

那个现代中年人躲在杨太真身后,听了难民的叙述与阮刘的讥诮,脸上白一阵红一阵,额上微沁出汗珠。他不知如何是好,只将一个脑袋缩在领子里不敢抬起来。

谢玄也知道这枝冷箭是拿谁做靶子,就正一正衣襟,说:

"惭愧?我们已尽了我们的责任了,后代子孙的担子,应该由他们自己去挑。"

"叔度,你倒推得干净!大凡学军事不都是你们一脉相传的么?今天学军事的弄得这样糟,是谁的罪过啊,是谁的罪过啊?"

"罪过?怕说不上吗?我们相信军事本身没有错,现在弄得这样糟,是现在学军事的人本身有了错,戚某当年所扫荡的倭寇也就是现代的日本人,为什么我们能叫他们一见落魄,如今却不能制止他们的猖狂,二位知道么?"戚继光说。

"彼一时也,此一时也,岂能一概而论?"刘伶抢着回答。

"不能一概而论?'气由心生,兵随将转'。学军事的人如果心术不正,那他的一切智慧都锢塞了,还能打仗吗?"

"请举出学习者因本身错误而招致军事失败的例子来。"

戚继光掀髯一笑,指着庞统说:"你不看见庞先生的军事造诣,当时本可以和诸葛并称。然而诸葛本身是鞠躬尽瘁,死而后已,所以能使孤穷的刘备定业三分;庞先生本身却是好睡觉爱喝酒,所以兵败身死。这不是一个好例子吗?"

庞统听了戚继光的话,羞赧里夹着愤懑地走开。

"庞士元是过去了,现代如何呢?"李后主问。

"后主,你问现代,现代除了少数人物之外,多数学军事的人也不免有错误。不过看谁犯得多或少罢了。"

"我总不信你的话,看来还是军事本身有毛病,像两晋两唐不都是有挺多的军队,结果都弄得不可收拾,这是什么缘故呢?"后主问。

"对呀,其故安在呢?"阮籍、刘伶同声附和。

"毛病就在这里呢!"孙武子突然厉声地说,手指着那遮遮掩掩躲在杨妃身后的现代军官似的中年男子。

"啊?"李煜、阮籍、刘伶惊异地瞪着眼睛。

"你们不明白?"孙子说,手仍指着那中年男子,"像他身为军人,不随我们的一群人朝夕磋磨,力求精进,反混在你们这中间插科打诨!你们一会是歌舞,一会是酒色,一会是懒惰,一会是金钱,试想他这一点小小聪明,经得起你们旦旦伐之吗?——庞士元不要走,回来!我还有话给你说!"

庞统不得已,趔趄而回。

"这样说来,不论古往今来一切军事失败的责任,倒要我们来负了?"阮籍抢着质问。

"你们不负叫谁负?"孙子反问。

"那——才——怪——哩——"阮、刘、李、杨等同声拖着腔说。

"那才一点不怪呢!"孙武子学着他们的腔调说。

"请说出不怪的道理来。"

"那么,我就不客气地说了!你们想,南唐的基业不能算坏。怎奈你后主把一切事都忘了,只知道成天跟宫女们厮混,填几句词,喝几杯酒。到后来隋家兵临城下你还闹什么'教坊犹唱别离歌,挥泪对宫娥',结果忍辱偷生做了几年亡国寓公,把国君死社

152

稷的大义抛得一干二净。照你这样'不爱江山爱美人',任怎么有本领的人也扶你不起来啊!太真,你知道在开元时代的李三郎是很有励精图治的意思。自你入宫以后,朝朝寒食,夜夜元宵,等到祸起萧墙,三郎只有落荒而走。那时虽有郭、李,但是非要等到你死了之后,他们才能收到讨贼肤功,这中间的道理你该明白吧!"

孙武子稍微舒舒气,接着说:

"士元,你知道司马德操对你的认识很好,可是只为了你的急惰,到头连性命都断送了,刘、阮、石你们几位请过来,西晋之后五胡乱华,百余年间兵连祸结,民不聊生,这祸根在哪里,诸位也曾扪心自省么?从晋武帝贪财好色起,加上季伦你专事聚敛,声色豪华,侈靡相尚;伯伦只知纵酒,给士大夫一个放荡不羁的榜样;嗣宗,你是白眼转狂,自命不凡,其实不过叨家庭余荫,多读了几句书,竟目空一切,造成世胄子弟不肯继续向上的恶风气!西晋有了你们这几位魔王的流风余韵,社会国家民族就全都毁了。你们全不想想,在社会上有地位的人,不做出一点于社会有益的事,对人对己怎么说得过?社会又何取乎有你们?你们各人的行为害了当时,害了自身不够,还要迷惑后世的子孙,难道一点不觉得难为情么?"

"孙先生把这样大的责任完全要他们几个人担负,未免有欠公平吧!"冯道忽然插嘴说。

"啊!我倒把你忘了。你还是不甘寂寞。我知道你是历事五朝十三君的元老,你的经历比我多,我倒要听听你的高论!"孙子转身说。

"啊哟,我哪有什么高论!我只认定徼逐扰攘都是社会上不幸的事情。人生在乱世,能够明哲保身,也就是不幸中之幸了。"

"你是'保身'吗?你是'做官'啊!'保身'就应该去做隐士,

立言传后世,你却是这一朝亡了,马上便投降那一朝。身居相位,国家兴亡你是负了十分之九的责任,但是你既没有本领使国家不亡,国家亡了,你又不但不一死以谢天下,也不逃亡隐退,倒反奴颜婢膝去伺候新主!你一共做了五朝宰相,亡了五个国家,真是好手段,也是好面皮啊!"

人丛里有了吃吃地笑声。冯道那团团的面上已没有了笑容,却红得像一个熟透了的柿子。其余一个个经孙武子直言不讳地道着了毛病,又羞又愤,都一时找不出话来回答。

那穿着现代军官服饰的男子直到此刻始终没有说一句话,这时忽然双拳一握挺起胸脯,分开众人,走到孙子面前跪下说道:

"先生,我错了!"

"你知道错了吗?"孙子赞许地点点头。"知道错了就有办法。"

"是的,先生,我是彻头彻尾的知道错了,我受了国家的教养,自问对国家并没有贡献,国家今日这样的阽危,我还不曾尽到我应尽的责任,我真是羞愧,真是惶悚,我有时也知道自己的不对,但是毅力不够,不能从堕落的泥淖自拔起来。先生,请你对我援援手吧!"

中年男子的眼睛露出恳切哀求的光芒。孙子对他仔细地端详了一会说:"你虽然觉悟了。可是你的习染还深呢!"

"是,先生!我说过我已经真正的觉悟了。我知道虽曾几度荒淫放癖,短时间的怠惰过,也曾轻微的狂傲过,可是,我是时刻自己警惕着。无奈自己的能力终不能解除自己的困难,请你给我一点帮助吧,先生!"

孙武子重新走到身边,将他全身抚摩一遍,说道:

"还好。你习染虽深,根基还厚。起来吧!"

于是孙武子回头吩咐李靖先将这人带去,把十三篇兵法仔细的教给他,再由戚继光将他讨灭倭寇的秘诀全盘搬出来叫他学习;其次由岳飞将他破拐子马的战术对他讲述,并告诉他国家危难之秋,军人应精忠报国的道理;再次由谢玄将大破符坚的战术——以少击多,以弱击强的战术——传给他;再次由薛仁贵将新制的三个箭靶教他去射,并将征东的经过说给他听;最后由霍去病将出征匈奴的事对他讲解。

他们接受了孙武子的吩咐,正要带那男子走的时候,李后主一群走来拦住,说:"不行,且慢走!"

"怎么?"李靖问。

"孙武这老头儿把我们说得简直没人样了,我们还要和他讲理哩。"

"还有什么理可讲?事实摆在你们面前,请去领略好。"孙武子说。

"翻开历史看,国家的兴亡,朝代的更替,似乎是按照着一个自然法则。我们这些人,不过生不逢时,适逢其会罢了。你老先生一定将这些兴亡重责,都放在我们肩头,还要我们负后代的责任,我们不懂先生的偏见为何这样深?"

"我的偏见太深?你说'生不逢时,适逢其会',这显然就是推诿责任!好时辰好机会岂能人人都碰得着?时势固然能造英雄,英雄也能造时势。再说'人定胜天'的话,你们应该晓得。人既定可胜天,还有什么不可为的事,你们是放着事情不做,反拿什么法则来搪塞——"

"你不但侮辱了我们,同时还夺去了我们的伙伴,这样一来,把所有亡国的责任交给了我们,你们弄兵的人们就都一身干干净净了。先生,我们佩服你的手段!"

"你们要争辩,请拿出正当理由来。如果无赖撒野,恕不奉陪了!"孙武子说着就要走开。

忽然一个声音像半空中打了一个霹雳,叫道:"车驾出巡,诸人回避!"

大家吓了一跳,一齐回过头去,只见山坡下一匹马绝尘而来,跑到众人面前,陡然立住。黑人黑马,站在那里简直像座黑塔。孙武子问道:"恒侯始祖轩辕陛下今天又出巡了吗?"

"正是,孙先生。"张飞答着,一边下马。

"怎么又出巡了呢?我事先一点不晓得。"

"前几次把东北两战场视察完了,今天是往广东去——"张飞回答,随即接着说,"孙先生,你在此地正好,刚才轩辕陛下为了一个军事问题正在找你。人说你也视察去,谁知在这儿聊天。"

"那我们赶快预备接驾罢!"孙武子说,急急地整理衣冠。远远的车驾声音轰隆而来。那森严的警备,令人望而生畏。不一会,车驾停止,走下一人,目光炯炯,仪容整肃而威严,看见一大群人俯伏道旁,摇手说道:

"起来吧!孙武,你们在这里正好,我正寻找你们哩。我们就在这里开个御前会议罢。"

一会儿,后面的车辆陆续到齐,车上人纷纷走下,向轩辕氏敬礼。除警备部队外,共计不下五十余人,内中还有一位六十来岁穿着现代西装的人物。他们下车之后便围绕着轩辕氏,围成一个半圆形站立着。

"今日对外战争的局势,其艰危,其痛苦,都是有史以来所未见的。我们不能眼看着现代的子孙受此灾难,我们要分头努力来尽我们的责任,同时要检讨本身的过失。以作为抗战建国的根本!仲尼,你对这有什么意见呢?"

"陛下我只觉得这一次所来的横逆,绝不是偶然,乃是全国人心不统一的结果。人心为什么不统一呢?是因为一般人都不知务本,我曾说过'君子务本,本立而道生',目前第一个要务是在教人做务本的功夫。陛下以为如何？"孔子恭敬地回答。

"你的意见很对。你赶快和子舆分头去讲学，再迟了，日本人对你的学说就要曲解成功了。"轩辕说着，偏过头叫另一个人："夷吾，你对治理国家很有经验，你看现在应该怎么办才对？"

"陛下知道，我的主张向来是'地之守在城，城之守在兵，兵之守在人'。国家是以人为本，人若不行，就什么事都办不好。"

"哦，如何才能使人的条件充实呢？"

"'礼义廉耻，国之四维，四维不张，国乃灭亡'养成礼义廉耻的方法，我的意思是'足衣食'和'实仓廪'，一面树立社会良好风气，一面增加生产，双管齐下，这样，人的条件，很快可以充实起来，我想挽救现在的局势，并不是什么难事！"管子回答道。

"你的意见也很不错，但是如何去实行呢？"轩辕氏又问。

"这很容易！以我们所有的人力、财力、物力，只要加速开发我们西北、西南各地的富藏，我们的资源马上可以充实起来，那么我们战久而富，日本则战久而贫，胜负岂不可立判？不过要做些事情首须组织严密，近来组织如何，还待考察哩。"

"你办吧！关于对内组织、训练、开发矿藏的事，给你全权。"

管子再拜而去。

轩辕氏想起了一件事，微蹙双眉向荀子说：

"荀卿，我看今天全面抗战中还有这样多的汉奸。许多有崇高地位的人，也甘心受敌人收买，人性当真是恶的么？"

"怎么不是呢？陛下，好在子舆去了，不然我们又有一场争辩哩。"

轩辕氏正色说道："还要辩什么？国难当前，大家还不捐弃成见，等到敌人杀来，我看你们到哪里去辩？"

荀子懔然低下头去。

"伯安，你的文治武功都不错，你说我们的子孙，以这样广土众口的凭藉，为何让那三岛妖魔很轻易地欺压凌辱？这个我是百思不得其解。"轩辕又问王阳明。

"陛下，这并不是我们的文治武功不如他们，是因为整个社会受了错误学说的毒害。自宋儒提倡理学，专讲主敬存诚以后，把一般人心变成静的，不是动的。而我所以提倡知行合一，以消除心理上的病根。可惜后代子孙们忽略了，反被日本人拾去，做了富国强兵的基础。这真出我意料之外哩！"王阳明叹息地说。

"事情已经过去了，不要管他，目下唯一要紧的是再去竭力广播你的学说，振奋人心，你去辛苦一趟吧！"

"是。"王阳明拜毕，上车走了。

轩辕的目光落在那六十来岁穿西装的人身上，温颜说道："逸仙，你的近代知识比我丰富多了，请你讲一讲近代子孙们遭受灾难的原因和挽救的方法。"

"始祖，这都怪我们自己不长进。我在三民主义里已说得明明白白，我们现在是受着四种压迫：第一是政治的，第二是经济的，第三是文化的，第四是人口的。我也曾大声疾呼，要我们的子孙，赶快结成坚强的大国体，谁知从我死以后，国内就发生了纷争，消耗了多少国力。如果能早团结起来，今天的灾难，或许可以减轻，甚至可以完全没有哩！"孙中山说，带着不胜惋惜的神情。

"这么说，我们的子孙不是真不可救药了吗？"轩辕焦急地问。

"那是过去的话。如果以现在的情形，已经进步得多了，我在讲民主主义的时候，曾说中国假若和日本绝交，日本在十天以内，便可以亡中国，现今抗战已快两年，正使敌人欲进不得，欲罢不能。这是十年前所办不到的。"

轩辕氏宽慰地点点头，又说：

"我现在所担心的不是现在抗战的军事。抗战以后的局势，真不好收拾哩！"

"这一层始祖不必忧虑。要是在抗战以后能切实实行我的建国方略,把心理物质社会同时建设起来,我想元气恢复是容易的。不但恢复元气,还可以长治久安哩。"

"那就很好。"轩辕氏说着,用眼睛四下探视。

"始祖寻找什么?"孙中山问。

"孙武呢?我找他来开会,他又到什么地方去了?"

"启禀陛下,他刚才被一群人拖了去,不知辩论什么是非去了。"张桓侯回答。

"你快去找他们来!"

桓侯去了一会,带来孙武子李后主等一干人,还有那现代的中年军人,肃立一旁。

"你去作什么了呢?这样随便。"轩辕面带怒意地问孙武子。

"陛下我岂敢随便,实在被他们缠得不可开交!"孙武子惶恐地指着李后主等回复道。

轩辕向那群人看了一下,又问:

"他们是谁?"

孙武子一一说明。

"他们为什么和你纠缠?"

"陛下,他们行为错误,不自悔悟,还要引诱后代的子孙,我看见了,就用许多的事实将这可怜的孩子省悟过来,谁知他们坚决不放,一直和我纠缠到现在。"

"叫他们来!"

李后主等俯伏在车辕下,不敢抬头。轩辕怒不可遏,厉声说道:"你们这些不成器的东西:你们自己所做的事情、所犯的错误,应该自己明白,我早就要惩罚你们,念你们已经自食其果,所以赦宥了你们。谁知你们不自后悔,还要迷惑我的清白子孙!你们自己想想,你们是我们民族里的渣滓,早应该淘汰出去。今天是不能再宽容你们了。来呀——"

许多御前侍卫蜂拥而前,垂手侍立,听候盼咐。

"将这一群败类给我叉开去!"轩辕挥手说。

侍卫们立时动手,一会儿将李后主一群男女赶得烟飞云散,无影无踪。

于是轩辕转头晓谕那现代中年军人,说:

"你是现代军人,应该有现代知识。怎么同那一般没出息的糊涂虫搅在一起呢?你得知道现代世界大势和国家处境,不容许你们再过荒淫佚乐、贪财好色的堕落的生活了!你今后要学那戚继光的驱逐倭寇,要学那岳飞的扫荡金兵,更要学那霍去病、墨翟等一流人物的先国后家与舍身救国。你想及时行乐吗?再不驱逐倭寇、保全领土,将没有行乐的余地了!起来吧!我期待着你悔改,有自新的表现,尤其望你不要辜负你所负的使命!确确实实地做一个现代的军人!"

中年军人俯伏在地,汗出如雨。听完训诫之后,叩首而起,退到一旁站着,表示出彻底觉悟的样子。

轩辕复向孙武子一招手,说:

"你过来,我有一句话要问你,前次视察结果,你觉得目下军事是于我有利呢,还是于敌有利?"

"于我们是绝对有利,陛下!"孙武子肯定地回答。

"怎见得呢?"

"日军目前已经进入了我的地形篇所说的'疾战则存,不疾战则亡者为死地'的状态。只要我们能运用'散地不战,轻地不止,争地不攻,交地不绝,卫地合交'的方法困守他们,相信在最短期间,他们便兵疲力竭而死。现在正在'为山九仞'的时候,我们要忍耐一切严重的压迫,争取最后胜利的到来。"

"你这样一说明,我就非常乐观了,我们一起动员吧!孙武,你到齐鲁去。戚继光到浙闽去。薛仁贵到东三省去。霍去病到内外蒙去,岳飞到燕晋豫去。谢玄到江苏、安徽去。我同荀卿到各战场去巡视,翼德,你为邦巡查,如有不尽职守的文武官员,随时抓来见我!汉族存亡,在此一战,大家戮力同心,辛苦一番,我准备着庆功宴等待着你们哩!"

　　轩辕氏分派完毕,一齐起身而行,一霎时,冉冉地消失在蝉翼般的晓雾中。

　　太阳高悬在东方,山巅水涯的薄雾渐渐消散,大地沐浴着阳光。山水草木,屋庐田畴,无一不光明晶莹,我数日来阴雨连绵中积压在心头的苦闷和烦恼已经一扫而空,胸无纤尘,灵台澄澈。只感觉说不出的一种宁静和喜悦,看看手表已到七点,立刻轻快地向工作处所奔去。努力循着我那确定的人生观前进!

用人要诀

（一）人才有转移之道,有培养之方,有考察之法,人才以陶冶而成,不可眼孔太高,动辄无人可用。

（二）求人之道,须知白圭之治生,如鹰隼之击物,不得不休。又如蚨之有母,雉之有媒,以类相求,以气相引,庶几得一而可及其余(以上曾国藩语)。

（三）软熟者不可用,谄谀者不可用,胸无实际、大言欺人者不可用。

（四）人才因求才者之智识而生,亦由用才者之分量而出(以上胡林翼语)。

（五）人才须以道义相结合,以公忠相维系,不可以个人势力为动机,搀入门户私见。

（六）"内举不避亲"一语,诚无可非议,惟宅心若非至公,察人若非至精,则此语流弊甚多,同乡、亲戚,及自家人,最需避嫌疑,勿轻引用,勿随便介绍。

（七）独善其身,而不能使僚属同样廉洁,则对于公家,仍未为尽职,欲求弊绝风清,上下一贯,长久相维,则必须由人治,产生法治,使法治再生人治,互为推移,以达久远。

（八）"知人善任"四字,最堪玩味,知人已难,善任更难,若兼二者,必臻治理。

（九）善善而不能用,恶恶而不能去,非懦弱,即私蔽,最要不得。

（十）青年人就业,不继续加以训练,不易成材,工作若无中心兴趣或信仰,不易进步,办事不养成助手,使自己不在时亦能自动前进,则事业终无所成。

书信（节选）

致汝琴、汝传
1937年11月11日

琴二兄：
传

　　昨肃一函，尚未付邮，因回洛之人尚未动身故也。适午后薪水发到，五个月共计得洋一千五百元。弟回思国家当此危急存亡之时，而身为军人，不能保土卫民，拿此巨薪，于心何忍？特提出一千元捐助国家，以作经费报效，款已付出，电报亦拍发。目下我师各官长，均为弟此举感动，均愿量力捐助，预计可得捐款一两万元。一师如此，各师如仿而行之，则政府立刻可省几百万支出也。想不到弟之个人举动，而收如此效果，实不尽快慰也。刻因所剩五百元，在前方无用处，带用累赘，特寄回来请兄等收存。如家中不需用，则请存于万昌，不取利息。兄等收到后请回示。寄洛阳白马寺第二十五师第一四囗（注：囗应为"五"）团赵军需收转，以免弟之悬念。匆匆未尽，余俟再谈，敬请冬安。

弟安澜顿首上

致子庄
1937年12月9日

庄弟：

　　许久没写信给你，一因我移动不定，二因不知你住地，最后才知你在东北大学，所以写信给你。

　　现在敌人已到宣城、芜湖一带，以后家乡状况，是无法预知，学费接济，恐亦生问题，不过你不要着急，我可以替你负责，你要钱用，写信给我好了。

现国破家亡,此后我们要相依为命。我固然要努力杀敌,你要用功读书,中华民国的前途,还是掌握在我们手里。

末了,我们高呼:中华民国万岁!再次祝你进步。

四哥安澜手草

致子庄

1938年2月24日

庄弟:

我们本来开到正阳关附近,昨天又折回到阜阳,将来向哪里行动,尚不知道,总之在动荡中。敌人今年又成强弩之末,只要全国坚实团结,转败为胜,不成问题。惟恐国内自己不争气。不在为国前提之下来共同御侮,而藉对外来发展小团体实力和势力,则国亡无日矣。

弟近来身体如何?学业进度怎样?尤望在为国家前途打算,安心读书,力求真实学问!我国之失败,在于一般人无知识,无学问,学成皮毛,不求实际。结果不论何种部门及事业,都是似是而非。懂得政治皮毛,而乱谈政治改革;对自然科学探讨,简直无人。所以创学至今,而国事每况愈下。此后立国,如不从基本立足。则国事更将败坏无底也。兴念及此,故向汝谈之,手此即颂进步。

兄澜手启

致子庄

1938年3月

庄弟:

接3月10日来信,知贵校决移汉中,川中山水清幽,游历不易,吾弟以流亡机会,而得饱尝,可谓幸福不浅也。经过20日之苦战,已将攻击台儿庄之敌击溃,并俘获甚多,此为抗战以来大胜利,亦为转败为胜之先声,以战胜之威,对日问题,亦自易解决矣。弟因有战事苦闷,拟弃学,此事望弟耐之!总要学得有成,报国之道,即在其中,并非临时报效,即为报国也。事忙匆匆不尽。

兄澜手草

致子庄
1938年10月18日

庄弟:

此后军事,愈进入艰难阶段,惟以抗战到底之决心,与敌人周旋,因此对一地之得失,可不必置念。青年人容易受刺激,望尤须明了此理为要。……当此危险战局,我亦急欲握一师符,以期发挥作战抱负。我始终认定,非器之罪,乃人之罪也。要转败为胜,非有训练之指挥官,以后才有强悍之军队,我愿率军一师,练成强悍之军队,日寇又何足惧哉。

一人要成功事业和学业,决非侥幸,必须有真实能力。

兄澜手草

致覆东
1940年11月2日

亲爱的东儿:

我前天由全州回来,没有等你放学,你回来一定不很愿意;但你要明了我的用意,是怕你定要送别而致难舍难分,所以我就不等你走了。东儿:你对我的想念,我是知道的。其实我对你们兄妹弟的想念,比你更甚呢。不过,当这个时候,只有按下私情,为国效力了。你总要这样想:你有个英雄父亲,当然是常常离别。如果我是田舍郎,那么我们可以天天在一起了,但是你愿意要哪一种父亲呢？我想，你一定是愿意要英雄父亲。所以，对于短时间离别，不要太看重了才好。我今日回来，事情很多，不再谈。祝你快乐。

父手草

致蔚文

1942年3月1日

大哥：

弟今日回部，百端待理，而接赵主任来电，惊悉端公于28日仙逝，痛不欲生！吾辈失一导师，想兄哀痛情形，亦正与弟等也。除以东电略告饰终善后之法外，其余请兄酌量为盼！端公为人，直如光风并月。其一生堪为后世法者，实不胜枚举，最少亦可为吾家家法，请向多方着手搜集遗墨，凡所写作诗文、信札，均祈一一收存，以俾付印，而垂后世。……弟今日在痛哭之中，草挽联一副，录呈于下，请兄代改正书写，悬于灵前。联云："海外赴长征，方期歼厥渠魁，光复河山承包笔；滇陲闻噩耗，回念栽成大德，誓遵庭训慰神灵。"端公侠义热肠，明志淡泊，而竟没于异地，不能归正首丘，呜呼痛矣，惟期早日击灭倭奴，扶柩归葬也。

敬颂

春安

弟安澜手启

致覆东等

1942年4月2日

东、靖、篱、澄四儿：

自到缅甸以来，因路途遥远，电台联络困难，许久未能发报。自3月18日以后，即与敌人开始战斗。因为是孤军，战斗了六天，就被敌人包围,更是无法通讯。苦战了12日,在3月29日突围,现已完全到达,望你们勿念:虽然是被围,我们官兵极其勇敢,打死了很多敌人,这是令我非常高兴的。

  我在作战期间,常挂念的,是祖母的健康,靖儿的病况,望你们来信告诉我!你的母亲,想必是在全州,我已另有电告她,我想她一定也是很好。篱儿要买皮鞋,是不成问题,现在还在打仗,无市场可买,稍迟再买回来给你们。

此祝

安好

父手启

日记（节选）

序

去岁杪（即12月7日）日寇奇袭太平洋，掀开大战之序幕，惊醒英美姑息主义者，于是世界两把烽火始连成一气，而此次大战不论洲别，不论陆上或水中，均为战场，可谓名副其实之世界大战矣。我国在东亚独力支持危局，而抵抗日寇侵略者已历四年有半矣。在此过程，日寇以全力图我，幸我全国军民以劣势之装备与之周旋，虽能应付裕如，但其间之险阻艰难，实非可以想象！今日寇更行险徼幸发动更大之战争，其孤注一掷之情，已昭然若揭。多行不义必自毙，此为道德定律所昭示，树敌太多必自亡，此为军事定律所永垂。根据以上道德和军事观点，敌人不出一年（预计在春季用尽其力量，夏季悉索其力量，秋季开始崩溃）可以完全失败矣。我国在此时机，当更加急反攻，则胜利指日可待。此中好消息及令人兴奋之史实，尤不知多少，乌可不记，是为序。

1942年元旦

晨7时阅兵，团拜，训话大意：一、发扬国威。二、增进学力。三、用除惰性。四、健强体魄。10时参加保山地方元旦庆祝会……

元月4日

昨夜军乐队给养上士，另率领一名乐兵盗窃房主财物，计达现钞十三万元，另有黄金十余两逃亡，而失主又与我极稳熟者，晨起即分派员兵到四处兜缉……

元月9日

晨起率官佐晨操后,即往金鸡村看六〇〇团,到后巡视三温泉,拜谒武侯点将坛,不禁低徊仰止。相传保山即汉时永昌府。孟获造反,首围永昌,而永昌吕凯协助防守,迫武侯兵到始解其围,在三国演义上亦是如此描写。而吕凯即金鸡村人,武侯亦遂驻于此,点将遗迹,想为阅兵及分遣任务之处所耳。武侯武功,震耀西南,今犹多神迹,缅人畏之更甚,甚有谓武侯还在者,一提武侯,则目惊心悸,倭寇遂创一八擒孔明之号,以改变缅人之恐惧心理,其行可鄙,其心可诛。反观我国抗战四年有半,而尚未使倭寇帖耳,真愧对武侯矣。午与昆明通话,知靖儿病势已快痊愈,心稍为慰,午后手订起居作息时间表一张,后与苏副主任志宏、张营长谈做事及做人应注意事项甚详。

元月13日

早起,赴 XX 团,路过辎营,见警戒毫无,至为气愤,警戒乃策全军之安全,为军队必要自卫手段,疏忽如此,危险孰甚?午前11时回部,即赴政治部对全体政工人员讲话,题为我对于武侯之认识,列举四点:一、穷不馁志;二、富不淫心;三、危不乱计;四、忠不怀私。

午后1时,学习汽车电路,2时参观第二总库,见无用材料及成品甚多,而运输能力不足,至可惜也。参观毕,即赴潘总库长晚宴,夜读汽车学、近思录、中日史,10时就寝。

元月14日

早往柳团,见一切无生气,无活气,极为烦躁。于午后2时回部,在此时中,我未作一刻休息,见各种射击姿势,已较进步,心稍为宽。回来拟写信给东儿,因事忙未果,写信大意是:父比日,母比月,日因光线之辐射,其真面目虽不易观察清楚,但其温暖之心,则所照临之处,靡不沾其恩惠。父亲因人事纠缠,对家庭态度,偶亦有失真之处,但其存心,则如太阳一样公正而慈惠也。母比月,月光灿烂,和蔼可亲,其始终之面目任人辨认,母爱之伟大,盖基于此。

元月21日

早起工作如常,无足记述。午后赴军官队授课,讲题是"军官之修养"。计分四项:一、立品;二、励学;三、树德;四、养成,发挥之。今日有一重要事足记者,即余于今日彻底戒吸卷烟是也。余以最大决心,以最久之恒心与烟癖搏斗,不达目的则毋宁死。

元月25日

早起赴金鸡村与隐逸张素庵谈话,始知金鸡村古为不韦县,盖武帝恶诸吕,故尽驻吕姓于金鸡村,而名之为不韦县。孰知在后汉三国时,孟获背叛,而吕凯以一功曹崛起保卫永昌,此又始料所及欤?故人无贤愚,族无好坏,惟英俊之士,乃能代表之耳。保山为后汉三国时之永昌,武侯南征发端于此,故父老传说极多,即三国演义亦渲染其说,但以现今地理考证,则又舛错极多。总而言之,盖古人地理知识不完全之故耳。武侯南征大业。决不因此而损其价值也。今日缅人称武侯有称诸葛老祖者,是其得人崇拜为何如耶。

元月28日

近年来读书速度过求迅速,所以读书虽多,能用较少,记忆更差,非重立规模不可,即:一事不知,不更二事,一书未解,不读二书，或能补上述缺憾。又定出做人做事的风度四条：一、毁誉不闻，二、宠辱不惊，三、安危不动，四、得失不患。并记去岁在安顺华严洞所筑之憩园门联，恐事久忘记，诗写于此："拾级以登，似锦江山来眼底；顺流而下，如龙子弟拨云开。"夜赴城调解保山县府职员与保山总站内之职员误会事，费时至五个钟头，可见事情——尤其调解事情之难办。

2月6、7、8三日合记

8日军官队毕业，夜演话剧助兴，在该队毕业时，对其训话有云：人生如运动，运动场上决无不公平之事实，亦决无侥幸之成功，凡能表现身手者，均有其特长表现。人生想求出人头地，非比人长不可，不但个人如此，国家亦何独不然。凡称霸于世界者，均有其因素也。吾人不必临渊羡鱼，不如退而结网，从充实自己着手，此为成功之大道也。

3月1日

午抵司令部，接全州来电，惊悉端公于28日晨仙逝。余神经打击昏沉，悲痛欲死，送客去后，即痛哭失声。呜呼痛矣！回念余幼时受端公栽培，始能今日立足于社会，故闻噩耗，整日脑涨昏昏，而又百端待理。苦矣！余生以来，父母仅存，兄弟无故，故未受人生打击，今乃饱尝人生苦味矣。除以电话告蔚兄请其从丰饬终善后外，并在痛哭中草成挽联一副……端公一生热肠古道，淡泊自甘，今竟不能归正首丘，呜呼痛矣。将永定阳历2月28日，阴历正月十四日为端公忌日以纪念之。

3月2日

昨夜接英方电话，云：最高统帅在腊戌，召余速往，余昨日悲痛不已，而公务在身，势又不能不去，只有星夜奔驰矣。黎明抵腊戍，先谒徐教座月公，乃端公之老友，相见之下，立谈数语，即谒端公病况。噫！余悲从中来，不能自已！稍憩，晤林次长蔚公谈及部队行动，余意部队出国必须计出万全，不可草率从事，伊亦同感。遂同往谒最高统帅，在外室，转瞬委座徐步而出，全体肃然，首问情况，后向余云：你今日先开一团到腊戍，其余听命。夜召余晚餐，询及部队状况甚详，并指示每日开一团，到平满纳、同古，占领阵地。伟大之远征，即行开始，而惜端公不及见矣，痛哉。

3月3日

……9时赴委员长行辕开会，余等到达时适委员长送缅甸总督代表下楼，见余等济济一堂，即席作简短致词致谢，余作简短答词云：我们来打倒我们共同的敌人，一定是各尽其力。余作答词时，见委员长颜为之霁，少顷，委员长即召余登楼问话，从治军治身，余详细禀陈，均蒙首肯，会议因等杜军长，延至下午5时始举行。深夜11时顷，余正部署指示行军事宜，而委员长召见之令又下。余即前往，委员长指示入缅后之作战机宜。余今日被召见三次，可为人生异数，回寓想作信禀端公，而忆及端公已作古，痛哉。惟努力精进，以慰端公在天之灵。

3月4日

早起与杜军长研究到同古后之作战机宜，并决定配属部队之多寡在由腊戍起程，向梅苗行进。沿途见深山林密最容易藏奸。余今日行军作七绝两首，其一云："万里旌旗耀眼开，王师出境岛夷摧，扬鞭遥指花如许，诸葛前身今又来。"注云：缅人云武侯南征北返，缅人留之，武侯慰之云，我还重来。缅人询以重来之期，武侯指缅中不开花之草云，此草开花，余重来矣。自武侯回国后，迄今,所指之草并未开花,去岁忽然开花,而缅人亦早知王师应到达矣。其二云:"策马奔车走八荒,远征功业迈秦皇,澄清宇宙安黎庶,先挽长弓射夕阳。"夜宿梅苗英人家。晚出散步路迷不得归,至另一英人家问路,而该英人亲自驾车送余归寓,此固祖国之威,而英人重礼貌,亦于此可见。

3月5日

今日由梅苗到平满纳,沿途见人民逃亡,情形至可忧虑。到后召地方华侨及印缅首脑谈话,发现本师士兵竟有少数因人民逃亡而擅自取用人民物品事情,至为愤怒,万里长征,而纪律不振,其贻祸之深,岂可言喻,非重处不可!

3月8日

早起已7时,而英人多数高卧未起,今后我国复兴,非保持刻苦耐劳之优良习惯不可,至10时始找好住地,12时率团营长侦察阵地……夜返同古与英师长会谈约一点钟。

3月13日

午前陪亚历山大巡视阵地,到飞机场送行,回来即详细侦察同古阵地,而各级官长多不肯研究,一切均须由余亲自处置,在余个人固力有余,但一般不肯研究,不长进为可虑耳。午后接军长,未到,夜访马丁。

3月16日

早起研究工事构筑情形,及构筑方法,现在多数人不肯研究,非由余亲自督促不可,实在此种事乃部队长分内之事。早餐后,英空军队长来访,余同往巡视阵地,车出门数步,即遇敌机轰炸,落弹距离,不及咫尺,午后敌机复来炸同古,此次伤亡我士兵计12人。

3月17日

晨起检查X团工事,见工事位置及构筑情形,毫无重点,至为气愤。XX天分有余,惜无研究兴趣,做事又不勤劳,此人恐终为废物耳。今日敌机轰炸一次,幸无伤亡。午后军长来,同往巡视阵地,见同古城内炸后疮痍满目,至为心侧耳。夜与军长决定部队行动大计甚详。

今日拂晓敌侦察机一架低空侦察,午前9时余赴山顶观察。正午敌机12架轰炸同古,我官兵无死伤。午后英军通报,该师于当夜撤走,我们一切部署尚未完成,攻守大计,尚未决定,有此一着,余为难矣。夜赴皮尤视察,并指示XX作战要领。

3月18日

今日午后我骑兵与敌接触,连夜部署,一宿未眠,夜赴X团,激动官兵,而X团长胆如鼠小,此种人而当军官,令人浩叹!

3月20日

晨起,闻X团已转移阵地,而X团长,自昨日起已怕接受任务,而避免与余通话,午后派X营前往接替。而最令人快意者,即王若坤排长于敌进攻时击毙敌中、少尉各一名,在该死尸身上搜出敌作战部署全图,极其可贵。由今日情形看,部队是好部队,可惜某团长指导能力差,胆量又小耳。

3月21日

夜3时接周朗电话,云良赤道克一路,被敌截断,余至为系念,遂令该营用迅速方法移至开维布维。早起久不得该营电话报告,余意全部牺牲矣,后知已转至开维布维,而第二连连长王志夫率领之一排,尚无下落,殊为焦急。该连长乃壮士也,如有牺牲,则诚可惜,整日战斗,发现敌人兵力已增至一团,配属重武器,所谓大战,已临眉睫,而大计未定,至为悬揣耳。

3月22日至4月1日合记

昨夜因上令死守孤城,援军根本不至,为了恪尽职责,准备战死于同古,写遗嘱两封,饬车夫及副官先到安全地点等候,因决心死矣,故不作日记,自29日突围,遂将此中经过补记之。自22日起敌即进攻阿克春前沿阵地,守该处者为吴营长志坚。赵团副立斌,激战两日,毙敌甚多,战绩极好,24日敌以步骑炮断我北方后路。遂撤回阿克春谭吉宾前沿阵地,专守同古。25日夜,敌大举进攻,是夜同古城不守,遂撤至城外街市与敌相持,激战至28日,阵地屹然不动。28日夜,敌以步骑炮攻击余之指挥所,鏖战一夜,拂晓奉命转移阵地,余亲往河防指挥守城部队撤退,30日到卡温江,31日到达三街衙,一日仍在三街衙收容,堂堂之同古战役,遂告结束矣。此役之教训有三:甲、终日不见援军来。乙、余之态度略欠稳定。丙、官兵确愈战愈强。至敌之战法,则推陈出新,应予补记,或专记之。

4月3日

今日仍在大雅待命。惟念日本侵缅工作已经筹之甚久,凡缅甸和尚,均受日人利用,而和尚在缅地位又极崇高,故易号召。入缅作战,困难滋多。夜与焦实斋、余协中畅谈一切。

4月6日

本日接电报,要我到梅苗。不知何事,仓促成行,夜10时顷到。本想住飞霞兄处,奈梅苗道路弯曲复杂,竟至失迷……后余寻得飞霞兄住所,门首有侯代表等我,云:"委座召见我!"余此时知,委座亦住此处也……委座略询同古战役经过,即云:"你们休息吧!"

4月7日

晨起,飞霞兄来云:委座云:"戴师长可往外去,十时半来见我。"遂同车外出,晤杜军长、罗司令长官,共同研究在缅作战大计。余意:非大战一场,不足以立威树信。询谋金同,在10时30分,同谒委座,首由余报告同古战役经过,继乃陈述意见,遂将在缅作战大计决定。1时30分,在委座行辕午餐,同桌者委座夫妇,史蒂威将军,罗司令长官,杜军长,董副部长,侯代表及余八人也。饭后,余遂返部,委座亦来曼德勒视察……

4月11日

今日仍继续侦察,余近来患一极大错误,即以胜败萦心,今确立战争乃吾人之责任,而非吾人之权利,如此乃能胜不骄,败不馁,今后当永佩此言。

4月12日

出国作战,以经常之军,作远征之举,可谓草率,今惟有以精勤补救之。

4月13日

今日召营长以上干部会议,研讨作战方案,会毕另对全师连长以上训话,大意勖勉努力争取胜利,午后赴瓢背。XX近来之失礼,令余诧异,此人为余之后辈,因一切行动,渐肆乖张,后辈之不长进,可怕也。

4月15日

余近日多感不适,此尚不为恶,所最怕者是精神之衰老与意志之颓唐,余自问以一寒士,今日竟能上邀统帅之垂青,官兵之拥戴,本应奋发有为,何以竟致意志颓唐,此乃极大之损害,今后非力去此病不可。而生理之病,乃余素不注重摄生之故,后当戒之!

附录二
参考书目

[1] 壮烈辉煌[M]. 南京:江苏省文史资料编辑部.

[2] 第二十五师在鲁南诸战役战斗详报[M]. 南京:中国第二历史档案馆.

[3] 第五军缅甸战斗详报[M]. 南京:中国第二历史档案馆.

[4] 袁小伦,著. 周恩来与蒋介石[M]. 北京:光明日报出版社,1998.

[5] 安徽省政协文史委,编. 戴安澜将军[M]. 合肥:安徽人民出版社,1990.

[7] 中国社会科学院近代史研究所,编. 日本侵华七十年史[M]. 北京:中国社会科学出版社,1992.

[8] [日]依田熹家,著. 日本帝国主义的本质及其对中国的侵略[M]. 北京:中国国际广播出版社,1993.

后　记

　　安徽人民出版社总编杨咸海先生打电话给我，提出希望由家属写一本有关戴安澜将军生平事迹的书，作为安徽人民出版社一九九八年编辑出版的《徽骆驼》丛书的一本。接电话后，感到能为爱国主义的教育作出一份贡献，是十分有意义的事，但对我来说，长期从事技术工作，没有写作实践，工作任务又很多，能否完成好杨总交给的任务，感到十分惶恐。转念一想，既然这是一件为精神文明建设作贡献的事，那就责无旁贷，必须努力认真地去完成。经过认真考虑，本书拟分别从各时期、主要事件来反映戴安澜将军的生平事迹，把他的这些活动放在当时的历史背景中，并且尽可能地用戴安澜将军那个时期的文章、日记、书信中的语言和论述，来叙述当时的情况和他的思想活动。把历史的背景和人物的活动紧紧地联系在一起，以期达到让读者在书中了解历史，从历史的环境中看人物，从人物的活动寻绎历史这样一个目的。

　　在写作过程中，我反复地修改，又送给覆东哥哥、藩篱姐姐、继华姐夫看，他们提出了许多好的修改意见。我的夫人陈有馨为本书收集整理了大量的资料。

　　本书得到王兆国、何鲁丽、逄先知等同志的题字，在此表示衷心地感谢！胡敏弟同志在工作之余完成全书文字的打印，表示诚挚的谢意！向一切关心本书出版的单位和个人表示最由衷地感谢！

戴澄东
1998年4月于南京

修订版后记

今年适逢中国人民抗日战争暨世界反法西斯战争胜利70周年,中宣部、新闻出版广电总局启动了"百种经典抗战图书"重印再版计划,我17年前撰写的《戴安澜传》也被选列其中,这使得我非常激动。安徽人民出版社十分重视这项计划,胡正义社长专程到南京与我商量了再版的许多细节问题,我们始终本着客观公正的原则,记录了戴安澜将军在惨烈的抗日战争中浴血奋战,以血肉之躯筑起了捍卫祖国的钢铁长城的英勇事迹。这也是为了昭告天下勿忘国耻,缅怀先烈,不让历史悲剧再次重演。激励广大人民发扬民族精神,实现中华民族复兴的中国梦。

全书除了更正了以前版本中的错字,没有做其他改动,因为这么多年我们又收集了一些珍贵照片,所以只是对文字前的图片做了微调,增加了若干幅照片。

我们兄妹(东靖澄篱)十分珍惜与安徽人民出版社的十几年合作的缘分,相信以后会有更多的合作交流机会。

戴澄东

2015年7月

图书在版编目(CIP)数据

戴安澜传/戴澄东著.—合肥:安徽人民出版社,2015.9
ISBN 978－7－212－08310－6

Ⅰ.①戴…　Ⅱ.①戴…　Ⅲ.①戴安澜(1905～1942)—传记　Ⅳ.①K825.2

中国版本图书馆 CIP 数据核字(2015)第 212351 号

戴安澜传

戴澄东　著

出　版　人:胡正义	责任印制:董　亮
责任编辑:杜宇民　汪双琴	装帧设计:葛茂春

出版发行:时代出版传媒股份有限公司 http://www.press-mart.com
　　　　　安徽人民出版社 http://www.ahpeople.com
　　　　　合肥市政务文化新区翡翠路 1118 号出版传媒广场八楼
　　　　　邮编:230071
　　　　　营销部电话:0551-63533258　0551-63533292(传真)
制　版:合肥中旭制版有限责任公司
印　制:合肥中德印刷培训中心印刷厂
　　　　(如发现印装质量问题,影响阅读,请与印刷厂商联系调换)

开本:710×1010　1/16　　印张:11.75　　字数:139 千
版次:2015 年 9 月第 1 版　2015 年 9 月第 1 次印刷

标准书号:ISBN 978－7－212－08310－6　　定价:28.00 元

版权所有,侵权必究